studio
Die Mittelstufe

Deutsch als Fremdsprache
Unterrichtsvorbereitung
mit Kopiervorlagen und Tests

B2/2

von
Kateryna Guzieva
Nadzeya Pisareuskaya
Britta Winzer-Kiontke
Ulrike Würz
sowie
Christina Kuhn

Tests:
Nelli Pasemann

Cornelsen

studio – Die Mittelstufe B2/2
Deutsch als Fremdsprache
Unterrichtsvorbereitung

Im Auftrag des Verlags erarbeitet von
Kateryna Guzieva, Nadzeya Pisareuskaya,
Britta Winzer-Kiontke, Ulrike Würz sowie
Christina Kuhn
Tests: Nelli Pasemann
Herausgeber der studio-Reihe: Hermann Funk

Redaktion: Ina Jennerjahn
Bildredaktion: Anna Koltermann, Nicola Späth
Illustrationen: Lisa Rock
Layout und technische Umsetzung:
zweiband.media, Berlin
Umschlaggestaltung: hawemannundmosch,
buero für gestaltung, Berlin
Umschlagfoto: © Stephan Weinberger

Symbole

- Ziel
- Hinweis
- Alternative
- Binnendifferenzierung
- Material
- Projekt
- Einzelarbeit (E)
- Partnerarbeit (PA)
- Kleingruppe (KG)
- Plenum (PL)

Abkürzungen

KT	Kursteilnehmer und -teilnehmerinnen
KL	Kursleiter und -leiterinnen
KV	Kopiervorlagen
KV online	Kopiervorlagen zum Download
HV	Hörverstehen
LV	Leseverstehen
Wdh.	Wiederholung

www.cornelsen.de
www.cornelsen.de/daf

1. Auflage, 2. Druck 2014

Alle Drucke dieser Auflage sind inhaltlich unverändert
und können im Unterricht nebeneinander verwendet werden.

Druck: freiburger graphische betriebe

ISBN: 978-3-06-020093-1

PEFC zertifiziert
Dieses Produkt stammt aus nachhaltig bewirtschafteten Wäldern und kontrollierten Quellen.
www.pefc.de
PEFC/04-31-2285

Inhalt

studio – Das Konzept 4

1  Echt extrem 25

2  Natur und Technik 32

3  Leben – Leute – Lifestyle 39

4  Standorte – Standpunkte 44

Station 1 51

5 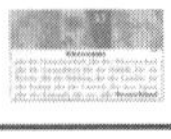 Zeit spenden 53

6  Architektur 60

7  Wie ticken die Deutschen? 67

8  Straßen und Geschichte(n) 75

Station 2 83

Kopiervorlagen 85

Tests 106

Lösungen zu den Tests 122

Glossar 125

Bild- und Textquellenverzeichnis 127

studio – Die Mittelstufe B2: Das Konzept

Der Lehrwerksverbund auf einen Blick

studio – **Die Mittelstufe B2** ist ein international einsetzbares Lehrwerk, das sich an erwachsene Lernende mit Vorkenntnissen auf B1-Niveau des Gemeinsamen europäischen Referenzrahmens (GER) richtet. Es orientiert sich eng an der Niveaustufe B2 des GER und bereitet auf die Prüfungen *Goethe-Zertifikat B2* bzw. *telc Deutsch B2* vor. studio – **Die Mittelstufe B2** begleitet die Lernenden beim Deutschlernen im Kurs und zu Hause. In den beiden Teilbänden B2/1 und B2/2 werden jeweils acht Kurseinheiten mit thematischer und grammatischer Progression angeboten, die im Übungsteil vertieft und ausgebaut werden. studio – **Die Mittelstufe B2/2** enthält im Kursbuch Materialien und Anregungen für ca. 80 Stunden Deutschunterricht und ist Teil eines multimedialen Lehrwerksverbunds.

Um das umfangreiche Material sachgerecht einsetzen zu können, werden im Folgenden die einzelnen Komponenten des Lehrwerksverbunds kurz vorgestellt.

Das Kurs- und Übungsbuch

Das Kursbuch steht im Zentrum des Lehrwerksverbunds. Es ist die Basis des Unterrichts im Kurs und macht Vorschläge für die Organisation der Kursarbeit. Das Kursbuch B2/2 gliedert sich in acht Einheiten, in denen in transparenten Lernsequenzen kommunikative Szenarien aufgebaut und sprachliche Handlungen, Aussprache, Wortschatz und Strukturen auf der Grundlage interessanter und abwechslungsreicher Themen eingeführt, vertieft und angewendet werden.
Die acht Kursbucheinheiten schließen jeweils mit einer Seite „Fit für Einheit …“ ab, die der Wiederholung des Stoffes der behandelten Einheit und der Selbstevaluation der Lernenden dient. Auch die beiden zusätzlichen Stationen sind der Wiederholung und dem Training wichtiger Sprachhandlungen und der Grammatik gewidmet. Sie bieten durch die Magazinseiten vielfältige Lernanregungen, führen jedoch nicht in neue Sprachhandlungen und grammatische Strukturen ein. Da viele Lernende die deutsche Sprache für berufliche Zwecke erlernen, beginnen die beiden Stationen mit einem Training berufsspezifischer Schlüsselqualifikationen zu unterschiedlichen Szenarien der Arbeitswelt.

Zur Wiederholung und thematischen Erweiterung der in den Einheiten eingeführten Strukturen bietet der Übungsteil die passenden Übungseinheiten, an die sich jeweils noch eine Seite zum gezielten Training von Wortschatz und Wortverbindungen anschließt. In den Übungen ist das Training von Testformaten integriert. Darüber hinaus wird nach der vierten und nach der achten Einheit gezielt auf die Prüfungen für das B2-Niveau vorbereitet (*Goethe-Zertifikat B2* und *telc B2*) sowie zum Abschluss ein Modelltest *Goethe-Zertifikat B2* angeboten. Im Referenzteil enthält studio – **Die Mittelstufe B2/2** eine Grammatikübersicht sowie die Transkripte der Hörtexte, die nicht in den Einheiten und im Übungsteil abgedruckt sind. Der Lösungsschlüssel zu den Aufgaben und Übungen des Kurs- und Übungsbuchs liegt als separates Heft bei.

Auf der Audio-CD, die ebenfalls dem Kurs- und Übungsbuch beiliegt, befinden sich die Hörtexte des Übungsbuches, sodass die Lernenden auch außerhalb des Kurses selbstständig ihr Hörverstehen und ihre Aussprache trainieren können.

Die Audio-CDs zum Kursbuch

Die separaten Audio-CDs enthalten alle Hörmaterialien des Kursbuchteils und sind für die Arbeit im Kursraum unverzichtbar. Die Interviews, Dialoge, Lieder, Radiobeiträge und vieles mehr sind integraler Bestandteil der Aufgaben zum Training des Hörverstehens und der Aussprache im Kursbuch.

Sprach- und Prüfungstraining

Das Arbeitsheft stellt zusätzliches Trainingsmaterial für die Einzelarbeit und für Intensivkurse bereit. Es erweitert das Kursbuch thematisch, trainiert Strukturen, Hörverstehen und Wortschatz sowie die Anwendung von Lernstrategien und fördert das vernetzte Denken. Mit der integrierten Testvorbereitung und dem Lösungsschlüssel bietet es zusätzliches Trainingsmaterial für alle, die sich auf eine B2-Prüfung vorbereiten möchten. Der Band B2/2 schließt mit einem weiteren Modelltest *Goethe-Zertifikat B2*.

Videoclips

Die Video-DVD bietet zwölf authentische Videoclips – darunter Kurzreportagen, ein Filmtrailer und eine Folge der Fernsehserie *Lindenstraße*. Die Clips sind kurz und eignen sich somit zum mehrmaligen Sehen im Unterricht. Sie orientieren sich an den Kursbuchthemen und können begleitend oder zur Nachbereitung der Einheiten eingesetzt werden. Zu allen Clips finden Sie Arbeitsblätter als PDF-Dokumente in Farbe sowie editierbare Word-Dokumente, die Transkripte zu elf der Clips, Hinweise zur didaktischen Arbeit mit Filmen sowie die Lösungen zu den Aufgaben der Arbeitsblätter.

Die Unterrichtsvorbereitung interaktiv

Mit der CD-ROM können Sie Ihren Unterricht am PC vorbereiten. Hier stehen alle Materialien des Lehrwerksverbunds zur Verfügung: die Kurs- und Übungsbücher B2/1 und B2/2 in einer verkleinerten Abbildung, die didaktischen Kommentare und die Lösungen zu den Aufgaben und Übungen der Kursbücher, außerdem Arbeitsblätter und Tests als ausdruckbare Kopiervorlagen, die Hörtexte und ihre Transkriptionen sowie die Videoclips mit Übungen. Mit Hilfe der Werkzeuge können nach Bedarf der Zielgruppen zusätzliche Arbeitsblätter erstellt werden, und das Textanalysetool unterstützt Sie bei der Wortschatzkontrolle, wenn Sie eigene Texte an den Lernstand Ihres Kurses anpassen möchten. Alle Kommentare und Notizen zur Unterrichtsvorbereitung stehen als editierbare Formblätter zur Verfügung. Sie lassen sich ausdrucken und können als Dateien gespeichert und mit Kolleginnen und Kollegen ausgetauscht werden.

Die Unterrichtsvorbereitung/Handreichungen für den Unterricht (Printfassung)

Für alle, die lieber ohne PC den Unterricht vorbereiten, enthält die Printfassung der Unterrichtsvorbereitung zu den Bänden B2/1 und B2/2 Kommentare zu den Aufgaben des Kursbuches sowie Hinweise und Vorschläge zur Unterrichtsgestaltung und zu weiterführenden Projektaufgaben. Der Übungsteil ist, von einigen Ausnahmen abgesehen, nicht kommentiert. Darüber hinaus bieten die Printfassungen weitere Arbeitsblätter sowie Tests als Kopiervorlagen.

www.cornelsen.de/studio-mittelstufe

Die Internetseite bietet aktuelle Informationen rund um den Lehrwerksverbund von studio – **Die Mittelstufe**. Sie finden dort außerdem zum kostenlosen Download zusätzliche Arbeitsblätter, Kopiervorlagen (im vorliegenden Band gekennzeichnet als *KV online*), Wortschatzlisten der Bände B2/1 und B2/2 sowie Vorschläge zur Arbeit mit ausgewählten Videoclips.

studio – Die Mittelstufe B2: Das Konzept

Die sieben Grundprinzipien und Qualitätsmerkmale von studio auf einen Blick

1 Konsequente Orientierung am Gemeinsamen europäischen Referenzrahmen

Die Kann-Beschreibungen aus *Profile deutsch* werden transparent umgesetzt.

Besondere Berücksichtigung der in *Profile* aufgeführten Textsorten und Kompetenzfelder

Textsorten

Magazinbeiträge
Kommentar
Ratgebertext
Fachtext
Statistik
Präsentation(sfolie)
Produktbeschreibung
Radio-Feature

Sprachhandlungen

über Neues/Überraschendes sprechen
etwas positiv, negativ bewerten
Produkte beschreiben
um Informationen bitten
einen Begriff erklären
(schriftlich) Stellung nehmen
jmdn. von etwas überzeugen

Auszug Inhaltsverzeichnis

Systematische Vermittlung von Sprachhandlungen und Routinen

d) Hören Sie die Produktpräsentation noch einmal. Markieren Sie die verwendeten Redemittel.

Redemittel

Produkte beschreiben
... verfügt über / bietet ... / ... zeichnet sich durch ... aus. / ... sorgt für ... / ... ermöglicht / erlaubt ... / ... ist ausgestattet mit ... / ... kombiniert ... mit ... / ... wurde ... entwickelt, um ...

Um Informationen bitten
Wissen Sie, ob / was ... / wann / wie viel / wie lange / wie oft ... / Gibt es das Modell auch in/für ... / Ist es möglich, das Modell auch mit/in ... zu bekommen? Würden/Könnten Sie mir bitte sagen, ...

Einheit 4, S. 44

Lernerleichterung über Merkhilfen

Minimemo

Wenn *dafür, dadurch, ...* am Satzanfang stehen bzw. eine hinweisende Bedeutung haben, liegt der Wortakzent auf der ersten Silbe.

Einheit 5, S. 62

Definition

Ironie
Man sagt das Gegenteil von dem, was man meint.
Die Sprechweise/Intonation ist sehr deutlich übertrieben. Die Mimik unterstützt die ironische Aussage bzw. hebt sie auf.

Einheit 1, S. 15

Transparente Auflistung der Lernziele

Hier lernen Sie

- über Architektur sprechen
- einen Begriff erklären, Abkürzungen verstehen
- die Position einer anderen Person wiedergeben
- Modalpartikeln
- Modalwörter
- subjektiver Gebrauch der Modalverben
- Wortakzent in Fremdwörtern

Einheit 6, S. 67

studio – Die Mittelstufe B2: Das Konzept

Portfolioarbeit

8 (Ü8) „Extrem ist …" oder „Was ist schon normal?" **Schreiben Sie einen Text.**

Ich-Texte schreiben — Was normal ist, merkt man (erst) dann, wenn … / Über Normalität denkt man erst nach, wenn … / Menschen, die extreme Sachen machen, … / Manchmal erlebt man schon extreme Sachen, z. B. als ich … / … finde ich eher (un)gewöhnlich/(nicht) normal. / … kann ich gut verstehen. / … ist für mich (nicht) nachvollziehbar. / … würde ich auch machen, wenn ich könnte.

Einheit 1, S. 10

7 Und Sie? **Finden Sie die Themen dieser Einheit auch in Zeitschriften oder Magazinen in Ihrem Land? Berichten Sie.**

Einheit 3, S. 35

2 Deutschlernen für Freizeit und Beruf

studio – **Die Mittelstufe** berücksichtigt in besonderer Weise berufliche Themen und Sprachhandlungen.

2 „Der Anfang einer Präsentation ist immer am schwierigsten."

a) Stimmen Sie der Aussage zu? Begründen Sie.

b) (1.17) Der Werbeleiter Malte Lüders stellt sein Konzept zu einer Werbekampagne für Fitness-Schokoriegel vor. Hören Sie den Beginn der Präsentation. Welche der in der Grafik empfohlenen Schritte nutzt Herr Lüders? Kreuzen Sie an.

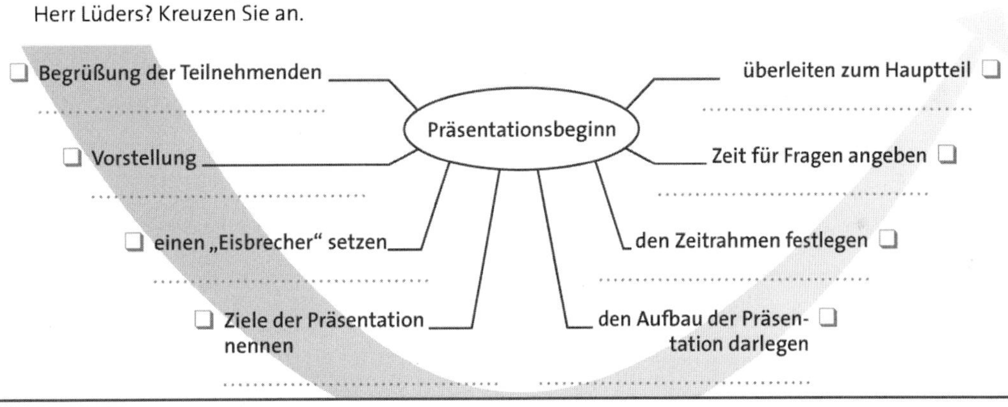

Station 1, S. 48

3 Breites Angebot für mediengestütztes Lernen

Das Medienangebot kann je nach individuellen Bedürfnissen und institutionellen Gegebenheiten flexibel genutzt werden, so die Videoclips (DVD und Online-Angebot), der Digitale Unterrichtsplaner (DVD) und das zusätzliche Online-Angebot.

4 Berücksichtigung neuerer Erkenntnisse aus der Zweit- und Fremdsprachenerwerbsforschung

studio – **Die Mittelstufe B2** führt die Aufgaben und Übungen zur Entwicklung sprachlicher Flüssigkeit fort. Es geht darum, Inhalte zu verstehen, zu verwenden und zu automatisieren.

c) Sprechen Sie die Sätze schnell.

Wenn ich gewusst/ geahnt hätte, dass	die Arbeit mit Kindern so viel Spaß macht / so anstrengend ist, / man anderen den Job wegnimmt, / man keine Freizeit mehr hat, / der Staat nur Geld sparen will, / man so viele tolle Leute kennenlernt,	hätte ich das	schon früher/ nie/ immer/ nur manchmal	gemacht.

Einheit 5, S. 62

studio – Die Mittelstufe B2: Das Konzept

5 Integration der Grammatik in sprachliches Handeln

Der Erwerb zusammenhängender Sprachmuster erfolgt in studio – **Die Mittelstufe B2** auf Grundlage der Personalisierung von Grammatik und deren konsequent funktionaler Einbettung. Grammatikvermittlung findet über lebensnahe, authentische Kommunikationszusammenhänge statt. Die Reflexion über Sprache spielt neben der Automatisierung eine wesentliche Rolle.

1.7 Ü12 **1** Bauhaus könnte doch auch ein Möbelstil sein! **Subjektiver Gebrauch der Modalverben**

a) Was wissen Sie über das Bauhaus? Lesen Sie die Antworten, markieren Sie die Modalverben und sehen Sie sich die Grafik an. Wie sicher sind sich die Personen in ihren Aussagen?

Bauhaus kann nicht nur ein Baustil sein. Das ist doch viel mehr!

Die Kunstschule dürfte so um 1925 gegründet worden sein.

Walter Gropius muss zum Kollegium gehört haben. Der war der Gründer.

Paul Klee dürfte auch zu den Bauhaus-Lehrern gehört haben.

Das Bauhaus könnte um 1933 verboten worden sein. Ich bin nicht sicher.

Gropius mag so um 1933 in die USA ausgewandert sein.

Grad der Sicherheit: hoch

müssen
nicht können
mögen

müssen (Konj. II)
dürfen (Konj. II)
können
können (Konj. II)

niedrig

Redemittel

Das Die Aussage Die Antwort	muss kann nicht mag müsste dürfte kann könnte	richtig/wahr korrekt genau (so) zutreffend falsch/unwahr unsinnig ungenau	sein.

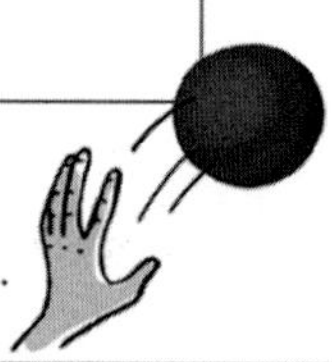

b) Kommentieren Sie die Aussagen in a) mit Hilfe des Redemittelkastens. Sprechen Sie schnell.

Einheit 6, S. 70

6 Konsequent integriertes Aussprachetraining

Das Aussprachetraining ist in die Aufgaben und Übungen integriert.

Ü21 **6** Schrankkoffer. Lautangleichung

2.27 **a)** Markieren Sie die Wortgrenzen. Hören Sie die Wörter und achten Sie auf die Wortgrenzen.

Gepäck|stück – Diebstahl – Schrankkoffer – Kistenmacher – Gepäckwagen – Handkoffer – Gepäcknetz – Transportband – Lebensreise – Rollenkoffer

Minimemo
Wenn Laute ineinander übergleiten oder sich gegenseitig beeinflussen, nennt man dies Lautangleichung oder *Koartikulation.*

b) Sprechen Sie die Wörter nacheinander und artikulieren Sie dabei sehr deutlich. Welche der angrenzenden Laute liegen artikulatorisch eng beieinander, welche liegen weit auseinander? Sortieren Sie. Vergleichen Sie mit der CD.

eng beieinander	weit auseinander
	Gepäck|stück

Einheit 8, S. 93

7 Aktuelle Landeskunde mit interkultureller Perspektive

Projekt- und Recherchevorschläge ergänzen landeskundliche Informationen. Dabei wird Landeskunde einerseits explizit thematisiert, andererseits ist sie in jeder Einheit auch aufgrund authentischer Texte und Personenporträts enthalten.

Engagement regional – Deutschland und Österreich

Was das freiwillige Engagement in Sportvereinen, Jugendarbeit, Umweltverbänden oder den Kirchen anbelangt, ist Deutschland zweigeteilt. Auch Österreich zeigt Besonderheiten.

Hamburg – Während sich in den südlichen Bundesländern und in den ländlichen Regionen im Westen fast die Hälfte der Bevölkerung engagiert, sind es in Berlin und der Uckermark nur ein Fünftel aller Bürger. Sport, Feuerwehr, Jugendarbeit oder Kirchen bilden die Schwerpunkte des freiwilligen Engagements. In den Bereichen Politik, Altenarbeit sowie Umwelt- und Tierschutz sind nur rund fünf Prozent der Bevölkerung engagiert. Insbesondere in ländlichen Gegenden ist das Engagement überdurchschnittlich hoch. In Hamburg, Berlin oder Köln drücken hingegen die vielen Single-Haushalte die Quote. Zum ersten Mal hat ein „Engagement-Atlas" nun auch den volkswirtschaftlichen Nutzen der ehrenamtlichen Arbeit ermittelt. Die 16,2 Stunden, die in Deutschland im Durchschnitt monatlich geleistet werden, entsprechen demnach rund 3,2 Millionen Vollarbeitsstellen und damit bei einem Stundenlohn von 7,50 Euro einem Arbeitswert von 35 Milliarden Euro. Bundesweit sind ein Drittel aller Einwohner über 16 Jahren „bürgerschaftlich" engagiert.

Auch die Österreicher stehen beim Ehrenamt in der EU an der Spitze: 44 Prozent der über 15-Jährigen arbeiten unentgeltlich in Vereinen, Organisationen und Projekten mit. Rund drei Millionen Österreicher investieren pro Jahr rund 720 Millionen Arbeitsstunden, was ca. 400.000 Vollzeitbeschäftigten oder mindestens 16 Milliarden Euro Jahreslohnkosten entspricht. Menschen mit höherer Bildung aus der Mittel- und Oberschicht mit großem Freundes- und Bekanntenkreis engagieren sich deutlich öfter als solche mit niedrigem Bildungsabschluss. Bei der Art des freiwilligen Engagements führen Kunst, Kultur und Unterhaltung, gefolgt von Sport und Bewegung. Danach kommen der kirchlich-religiöse Bereich und die Rettungsdienste. In Sachen Ehrenamt sind Oberösterreich, Tirol, Niederösterreich und Vorarlberg Spitzenreiter. Im Mittelfeld liegen die Steiermark, Kärnten und das Burgenland. In größeren Städten ist das Engagement deutlich niedriger als auf dem Land: Schlusslichter sind Wien und Salzburg.

Einheit 5, S. 60

3 „Pfandtastisch helfen"

Ü8

a) Überfliegen Sie den Artikel. Welche Überschrift passt am besten? Begründen Sie.

1 ❑ Fantastische Helden spenden
2 ❑ Sei ein Held – verzichte aufs Pfand!
3 ❑ Mit Pfandflaschen reich werden
4 ❑ Spenden Sie für ein reines Gewissen

dpa – Ehrenamtlich, also unentgeltlich, arbeitet der Vorstand. Maximal zehn Prozent aller Spenden dürfen für Verwaltung und Werbung verwendet werden. Ein Büro gibt es nicht. Im Internet vernetzen sich die Berliner „Sozialhelden", die sich einer besseren, nachhaltigen Gesellschaft verschreiben. Nur eine 400-Euro-Kraft ist im Einsatz – damit die Freiwilligen koordiniert werden können und Spender sich nicht von einem Projektverantwortlichen zum nächsten durchfragen müssen. 100.000 Euro jährlich sammelt das bekannteste Projekt der Sozialhelden ein: „Pfandtastisch helfen". Das Konzept ist ebenso einfach wie einträglich: Neben der Pfandflaschenrückgabe in rund 300 Supermärkten im Lande steht eine metallene Box, in die die Kunden ihren gerade gezogenen Pfandbon wieder einwerfen können. Statt Geld an der Kasse gibt es das gute Gefühl im Herzen, Bedürftigen geholfen zu haben. Die Spende geht direkt an die Berliner Tafel, die mittellosen Menschen eine Mahlzeit möglich macht.

Raul Krauthausen, 31, Gründer und Vorstandschef der „Sozialhelden"

Landeskunde

Auf die meisten Flaschen gibt es in Deutschland „Pfand", d. h., man bekommt Geld zurück, wenn man die Flasche zurückgibt. „Mehrweg" bedeutet, dass die Flasche ca. 25 mal wiederbefüllt wird und damit ca. 25 mal Pfand ermöglicht.

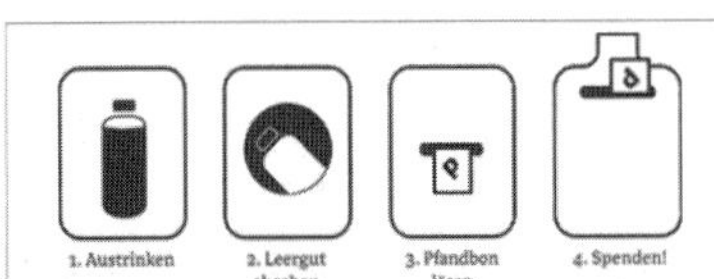

b) Lesen Sie den Artikel. Erklären Sie die Begriffe „Sozialhelden" und „pfandtastisch".

c) Beschreiben Sie das Prinzip „Pfandtastisch helfen" mit Hilfe des Artikels und der Grafik.

Einheit 5, S. 59

studio – Die Mittelstufe B2: Das Konzept

Was bietet studio – Die Mittelstufe außerdem?

1 Nachvollziehbare, kleinschrittige Sequenzierung

Die Arbeit mit studio – **Die Mittelstufe B2** soll effizient und für die Lernenden mit Erfolgserlebnissen verbunden sein. Daher werden komplexe Themen – wie z. B. die Vermittlung des Konjunktivs I – in lehr- und lernbare Sequenzen untergliedert. So richtet Band B2/1 den Fokus auf das Erkennen des Konjunktivs I und bereitet damit auf die in B2/2 angestrebte produktive Kompetenz vor. In Band 2 wird der Konjunktiv I in der indirekten Rede zunächst wiederholt und im Anschluss um die indirekten Fragesätze und um die Verwendung der indirekten Rede in der Umgangssprache erweitert.

1.8, 8.3 Ü6 **5** Indirekte Rede – Wiederholung und Erweiterung

a) Markieren Sie im Text auf S. 76 und in 2b) und 4 die Formen indirekter Rede. Ordnen Sie zu.

Gegenwart	Vergangenheit	Zukunft
Tugenden gebe …	*seien […] Recherchen vorausgegangen*	*[…] nicht viel ändern werde*

b) Formulieren Sie eine Regel zur Bildung der indirekten Rede. Arbeiten Sie hierfür die Punkte 1 bis 6 ein. Nutzen Sie zur Analyse das Beispiel.

1 Konj. I und II
2 Pronomenwechsel
3 Anführungszeichen
4 Konjunktion
5 Fragesätze bei Konj. I
6 Funktion indirekter Rede

2.16 **6** Indirekte Rede und Umgangssprache. **Hören Sie noch einmal Pascals Kommentar. Was fällt Ihnen in Bezug auf die Verwendung von Konjunktiv I und Indikativ auf?**

Einheit 7, S. 78

2 Systematische Wiederholung der Grundstufeninhalte

Aus der Grundstufe bekannte Themen und Inhalte finden sich systematisch in den Bänden B2/1 und B2/2 wieder, werden erweitert, vertieft und gefestigt.

LIFESTYLE UND KARRIERE

Frauen in Männerdomänen

Johanna Maier, 60, bekam als erste Frau vier Hauben im Restaurantführer „Gault-Millau". In der Familienpension der Schwiegereltern hielt die Mutter von vier Kindern zunächst die Gästezimmer in Ordnung, bevor sie sich in die Riege der Spitzenköche kochte. Mit Mann und Söhnen führt sie das Hotel Hubertus im österreichischen Filzmoos. Es ist bekannt für seine gute Küche.

Johanna Maier *Ina Menzer*

Ina Menzer, 31, boxt im Federgewicht in der Weltspitze. Mit zehn Jahren kam sie mit ihrer Familie aus Kasachstan nach Deutschland. Mit 17 Jahren trat sie erstmals öffentlich im Boxring auf. Nebenbei machte sie ihr Fachabitur. Das begonnene BWL-Studium unterbrach sie zugunsten der Sportkarriere. Sie lebt mit ihrem Mann in Hamburg.

Mit Leidenschaft und Hingabe kocht die eine, boxt die andere. Beide stehen ganz oben – und wissen, dass Siege auch ihren Preis haben.

32

Einheit 3, S. 32

studio – Die Mittelstufe B2: Das Konzept

3 Aufbau und Vertiefung der Textkompetenz

Der kompetente Umgang mit unterschiedlichen Texten und Textsorten stellt eine grundlegende Schlüsselkompetenz der Lernenden dar, die in studio – **Die Mittelstufe B2** systematisch ausgebildet und gefördert wird. Strategietraining, Textauswertungsverfahren und der Transfer in andere Kommunikationskontexte greifen dabei eng ineinander.

Einheit 1, S. 8/9

Hinführung zum effizienten Lesen:

1. Erfassen der Textsorte
2. Fokussierung auf Fotos – erste Hypothesenbildung und Interesse wecken
3. interessengebundenes Lesen – Prinzip der freien Auswahl
4. Interesse begründen
5. Erfassen „wichtiger Wörter" und anhand dieser Erarbeitung des Inhalts
6. Rekonstruktion des Inhalts – eigene Worte
7. *Antizipieren** und *Inferieren** üben (Aufg. 3)
8. Wörter kontextualisiert wahrnehmen und erklären können
9. Reflexion über Worterschließungsstrategien

studio – Die Mittelstufe B2: Das Konzept

4 Routinen und Sprachhandlungen

Die Vermittlung formelhafter Sprache im Fremdsprachenunterricht bildet die Grundlage für adäquates sprachliches Handeln in unterschiedlichen soziokulturellen Kontexten und ist damit Schlüssel zur kommunikativen Kompetenz in der Fremdsprache. Formelhafte Sprache wird daher konsequent sowohl in den Einheiten als auch auf der Seite „Wortverbindungen intensiv" angeboten und trainiert.

4 Gesprächsroutinen

Ü11

1.13

a) Hören Sie das Interview noch einmal. Kreuzen Sie die Gesprächsroutinen an, die beide Gesprächspartner verwenden.

1 ❑ ehrlich gesagt	4 ❑ wenn ich es richtig sehe	7 ❑ soweit ich weiß
2 ❑ ich sehe es so	5 ❑ sagen wir (mal) (so)	8 ❑ ich sag's mal so
3 ❑ was weiß ich	6 ❑ wenn ich es mir so überlege	9 ❑ so gesehen

b) Welche Funktion haben die Gesprächsroutinen? Diskutieren Sie.

Gerd Weidenmann nutzt die Gesprächsroutinen, um
1 ❑ objektive Fakten und Argumente zu nennen, die für ihn und andere gelten.
2 ❑ einen Sachverhalt aus seiner Sicht darzustellen, wobei er auch andere Meinungen zulässt.
3 ❑ als ein neutraler Beobachter etwas darzustellen, wozu er selbst keine eigene Meinung hat.

Einheit 4, S. 41

5 Wortschatzlernen und Wortverbindungen intensiv

In den Einheiten und Übungen von studio – **Die Mittelstufe B2** werden Sprachhandlungen und Wortverbindungen explizit vermittelt und geübt. Dabei geht es auch darum, die Lernenden zu befähigen, ein Bewusstsein für Wortverbindungen zu entwickeln und diese selbst zu entdecken. Dieser Prozess wird mit dem expliziten Training auf der Seite „Wortververbindungen intensiv" im Übungsteil unterstützt. Der Anspruch dieser Aufgabe steigt von einfachen Suchaufgaben hin zu komplexere Aufgaben wie „Wortverbindungen sehen und lernen lernen" (S. 165). Zahlreiche Anregungen ermöglichen darüber hinaus das *inzidentelle Lernen** nebenbei.

1 Modeausdrücke

a) Suchen Sie die Wortverbindungen in den Texten auf S. 28/29. Notieren Sie die Zeile und markieren Sie sie im Buch.

S. 29, Z.	Wenn etw. sein Comeback erlebt,	1	a dann stellt sich z. B. etwas als nicht so toll heraus.
....	Wenn etw. ein echtes Muss ist,	2	b dann passt etw. nicht zusammen.
....	Wenn jmd. mutige Farben trägt,	3	c dann ist es wieder „in".
....	Wenn jmd. gut drauf ist,	4	d dann sollte man es besitzen.
....	Wenn sich etw. beißt,	5	e dann passt es perfekt auf eine Feier.
....	Wenn jmd. einer anderen Person die Schau stiehlt,	6	f dann kombiniert er/sie rosa mit gelb.
....	Wenn etw. der Partyrenner ist,	7	g dann sieht er/sie z. B. besser aus.
....	Wenn etw. ein Flop ist,	8	h dann ist er/sie gut gelaunt.

b) Verbinden Sie zu Sätzen. Bilden Sie eigene Sätze mit den Wortverbindungen aus a).

Übungen 3, S. 133

Redemittel

Etwas definieren

Unter ... versteht man ... / ... wird als ... verstanden. / ... ist als ... zu verstehen. / Bei ... handelt es sich um ... / ... nennt man ... / ... ist ... / ... bezeichnet man als ... / ... wird als ... bezeichnet. / ... wird ... genannt. / ... besteht aus ... / ... bedeutet ... / ... heißt ...

Einheit 2, S. 19

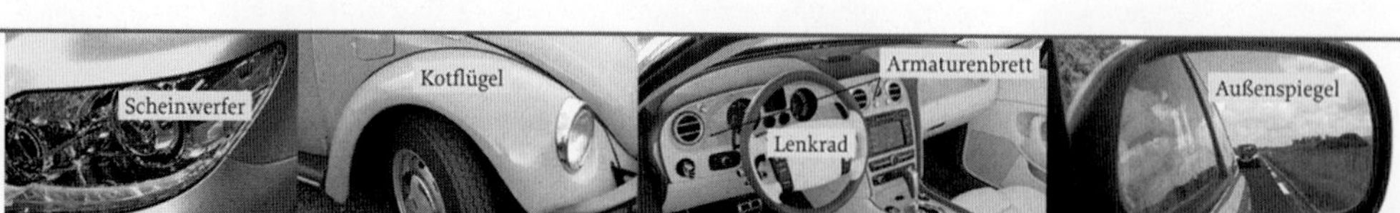

Einheit 2, S. 23

studio – Die Mittelstufe B2: Das Konzept

6 Strategietraining

Das Strategietraining erfolgt sowohl explizit als auch implizit innerhalb der Einheiten des Kurs- und Übungsbuches.

4 Lernstrategie: „Ein Bild im Kopf schaffen".
Überlegen Sie sich für Wortverbindungen, die Sie lernen möchten, Bilder im Kopf. Sie können diese auch aufzeichnen.

Ein Produkt kommt neu auf den Markt.

Übungen 6, S. 165

3 Die Sinus-Milieus in Deutschland

Ü15

2.18

a) Hören Sie den ersten Teil des Interviews mit dem Soziologen Prof. Walter Rehbein. Welche Milieugruppen werden genannt? Kreuzen Sie in der Grafik an.

Abb. 6.3: Sinus-Milieus 2010

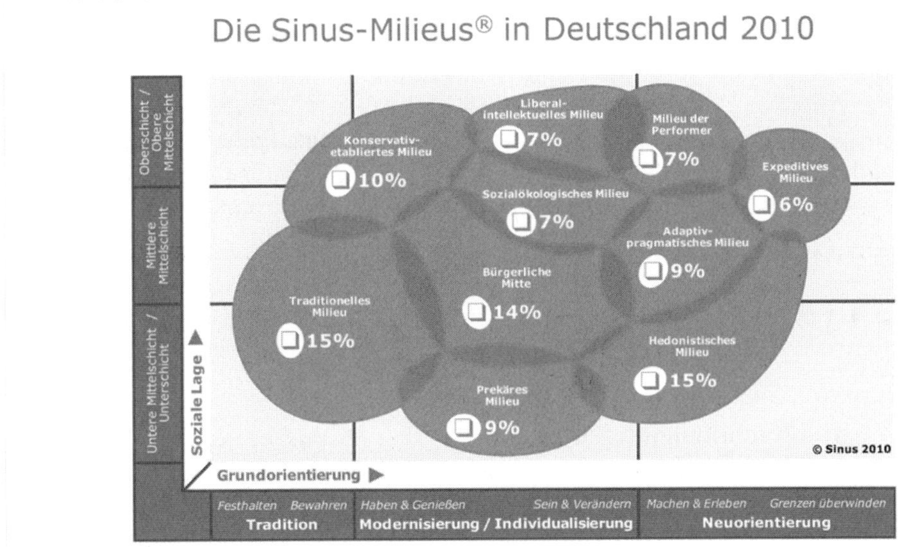

Quelle: Sinus-Institut 2010

b) Hören Sie das Interview noch einmal und ordnen Sie die Definitionen den Gruppen zu.

konservativ-etabliert 1	a Kriegs-/Nachkriegsgeneration, sucht Sicherheit und Ordnung
liberal-intellektuell 2	b spontan, medienaffin, offen
bürgerliche Mitte 3	c Durchschnitt, sucht gesicherte und harmonische Verhältnisse
sozial-ökologisch 4	d das Establishment, familienorientiert
traditionell 5	e idealistisch, konsum- und globalisierungskritisch
expeditiv 6	f Bildungselite, tolerante Haltung, Wunsch nach Selbstbestimmung

c) Welchen Aussagen würde Walter Rehbein zustimmen? Kreuzen Sie an.

1 ❑ Die Zugehörigkeit einer Person zu einer Milieugruppe lässt sich nicht so leicht festlegen.
2 ❑ Die sogenannte Kartoffelgrafik gibt einen ausführlichen Überblick über alle gesellschaftlichen Gruppen in Deutschland.
3 ❑ Bestimmte Eigenschaften von Personen lassen sich in ein Milieu übersetzen.

2.19

d) Hören Sie den Schluss des Interviews und machen Sie sich zu folgenden Fragen Notizen:

1 Was bildet das Modell ab? 2 Wer interessiert sich dafür?

Einheit 7, S. 83

studio – Die Mittelstufe B2: Das Konzept

7 Die Ausstiegsseite

Die Ausstiegsseite der Einheit bietet abwechslungsreiche Themen, die neugierig machen und zur Diskussion anregen.

1 Weltbekannt

2.28 **a)** Hören Sie das Lied „Ich hab' noch einen Koffer in Berlin" von Marlene Dietrich. Beschreiben Sie, was die Sängerin für die Stadt empfindet.

Marlene Dietrich: „Ich hab' noch einen Koffer in Berlin"

Ich hab' noch einen Koffer in Berlin,
deswegen muss ich nächstens wieder hin.
Die Seligkeiten vergangener Zeiten
sind alle noch in meinem kleinen Koffer drin.

Ich hab' noch einen Koffer in Berlin.
Der bleibt auch dort und das hat seinen Sinn.
Auf diese Weise lohnt sich die Reise
denn, wenn ich Sehnsucht hab', dann fahr' ich wieder hin.

Wunderschön ist's in Paris auf der Rue Madeleine.
Schön ist es, im Mai in Rom durch die Stadt zu gehen,
oder eine Sommernacht still beim Wein in Wien.
Doch ich denk, wenn ihr auch lacht, heut' noch an Berlin.

Ich hab' noch einen Koffer in Berlin,
[...]
Denn ich hab' noch einen Koffer in Berlin.

Landeskunde

„Ich hab' noch einen Koffer in Berlin": Die Melodie des bekannten Liedes komponierte Ralph Maria Siegel, den Text schrieb Aldo von Pinelli. 1951 wurde es von dem Berliner Schlagersänger Bully Buhlan gesungen, die bekannteren Versionen stammen jedoch von Marlene Dietrich und Hildegard Knef. Beide waren in der Nachkriegszeit erfolgreiche Schauspielerinnen und Sängerinnen in Europa und in den USA. 1987 verwendete der US-Präsident Ronald Reagan den Titel des Liedes in seiner berühmten Rede an der Berliner Mauer, in der er den damaligen Staatspräsidenten der Sowjetunion, Michail Gorbatschow, aufforderte, die Mauer niederzureißen – ein Wunsch, der jedoch erst 1989 Wirklichkeit wurde. Im Jahr 2002 wurde eine weitere Interpretation des Liedes vom Rockmusiker Udo Lindenberg vorgestellt und aufgenommen.

b) Diskutieren Sie, was der Koffer im Lied symbolisiert.

c) Beschreiben Sie einen Ort, zu dem Sie eine ähnliche Beziehung haben.

Einheit 8, S. 94

8 Individuelle Lernfortschrittskontrolle

Die Lernenden können anhand kleinerer Aufgaben am Ende jeder Einheit ihren Lernfortschritt selbstständig überprüfen und Inhalte ggf. wiederholen.

Fit für Einheit 3?

Das kann ich auf Deutsch

▸ **Begriffe definieren (1.2)**

Beim Lotuseffekt handelt es sich um das Abperlen von Wasser auf Oberflächen.

Unter Bionik versteht man ...

Das kann ich ☺ ❑ ☹ ❑ ▸ Ü4

▸ **zeitliche Abläufe beschreiben (2.2–2.3)**

Zuerst hat Nikolaus Otto den Viertaktmotor erfunden. Im Jahr ... Das kann ich ☺ ❑ ☹ ❑ ▸ Ü9

Einheit 2, S. 27

studio – Die Mittelstufe B2: Das Konzept

Allgemeine didaktische Grundlagen und Tipps zur Arbeit mit studio B2

Bei der Erstellung des Materials haben wir uns an den Vorgaben des GER und von *Profile deutsch* orientiert. Da dies inzwischen fast alle Lehrwerke von sich behaupten, möchten wir an dieser Stelle kurz deutlich machen, was wir darunter verstehen:

Profile deutsch

- setzt die Anregungen des GER für Deutsch als Fremdsprache um und beschreibt detailliert die Niveaus A1–C2,
- übernimmt, erweitert und konkretisiert das System der Kompetenzbeschreibungen des GER und des Portfolios,
- hilft, Lernziele oder sprachliche Mittel aufzufinden und Sprachhandlungen zuzuordnen,
- erlaubt, den Inhalt zielgruppenorientiert zu adaptieren oder zu ergänzen,
- macht Vorschläge für eine Grammatikprogression,
- enthält konkrete Ideen und Beispiele für den Unterricht.

Wenn Sie sehen möchten, ob Ihr bisheriges Unterrichtsmaterial tatsächlich an den europäischen Vorgaben orientiert ist, überprüfen Sie bitte die folgenden acht Qualitätsmerkmale:

1. Wird im Lehrerhandbuch erklärt, wie auf die Niveaustufen eingegangen wurde?
2. Sind der GER und *Profile deutsch* auf der Lernzielebene erkennbar zitiert?
3. Sind die Kannbeschreibungen auch für die Lernenden transparent?
4. Sind sie explizit Gegenstand von (ausreichenden) Übungen?
5. Sind sie Grundlage der Selbstevaluation und der Testgestaltung?
6. Ist die „Unterrichtsphilosophie“ des GER und von *Profile deutsch* auf der Lehrwerksoberfläche durchgängig erkennbar (Lernerautonomie, Transparenz, Automatisierung, Kompetenzprofile)?
7. Sind die Prinzipien „Mehrsprachigkeit“ und „Multikulturalität Europas“ in Didaktik und Themenwahl erkennbar?
8. Enthält das Unterrichtsmaterial Hinweise zur Portfolioarbeit?

Das europäische Sprachenportfolio

Das Sprachenportfolio ist eine strukturierte Sammlung von Dokumenten und Beispielen persönlicher Arbeiten, die von den Lernenden zusammengestellt, ergänzt und aktualisiert werden, um ihre Mehrsprachigkeit, ihre Kompetenzen in verschiedenen Sprachen, ihr Sprachenlernen, ihre Sprachkontakte und ihre interkulturellen Erfahrungen für sich selbst und für andere transparent zu dokumentieren. Das europäische Sprachenportfolio orientiert sich ebenfalls an dem vom Europarat entwickelten GER und trägt zur Vergleichbarkeit von Leistungen bei. Das Sprachenportfolio hat eine vorgegebene Struktur:

- Sprachenpass: Sprachkompetenzen und interkulturelle Kompetenzen auf einen Blick,
- Sprachbiografie: Dokumentation und Reflexion über gelernte Sprachen,
- Dossier: Sammlung persönlicher Arbeiten.

Mit den *Ich-Texten** bzw. den Aufgaben *Und Sie?/Und bei Ihnen?** in studio – **Die Mittelstufe B2** setzen die Lernenden die in der Grundstufe begonnene Arbeit an den Texten für ihr Sprachenportfolio fort. Diese Texte dokumentieren den Sprachstand und die Sprachlernfortschritte der Lernenden.

Die Integration von beruflichem und allgemein-sprachlichem Lernen im Sinne des GER

In der Arbeitswelt stellen vor allem die Globalisierung und Technisierung immer höhere Anforderungen an die kommunikative Kompetenz der Mitarbeiter/innen in den Unternehmen. So sind neben Englisch oft Kenntnisse in mindestens einer weiteren Fremdsprache erforderlich. Gute Fremdsprachenkenntnisse der Mitarbeiter/innen sind nicht nur ein Karrierefaktor, sie werden auch für die Unternehmen immer wichtiger, etwa wenn es darum geht, Informationen aus unterschiedlichen fremdsprachlichen Quellen (z. B. Zeitungen, Internet) zu erschließen und auszutauschen. Immer mehr Deutschlernende beabsichtigen, ihre Fremdsprachenkenntnisse in beruflichen Zusammenhängen anzuwenden. Ein Sprachkurs, der die Anforderungen der Berufs- und Arbeitswelt in Themen, Szenarien und Sprachhandlungen berücksichtigt, kann besonders zur Motivation beitragen. studio – **Die Mittelstufe B2** setzt die berufsbezogene Spracharbeit der Grundstufe auf dem Niveau B2 fort und geht davon aus, dass berufsbezogene Kommunikationskompetenz in einem integrierten Kurs entwickelt werden kann, der sowohl allgemeinsprachlichen als auch berufsbezogenen Anforderungen gerecht wird. Die berufliche Alltagskommunikation besteht zum großen Teil aus sprachlichen Handlungen, die weder berufs- noch berufssprachenspezifisch sind (z. B. *jemanden überreden/überzeugen, etwas bewerten, Stellung nehmen,* etc.). Auch der Referenzrahmen nimmt explizit oder implizit Bezug auf die berufliche Verwendung der Fremdsprache. So ist für B2 *Mündliche Produktion allgemein* formuliert: „Kann Sachverhalte klar und systematisch beschreiben und darstellen und dabei wichtige Punkte und relevante stützende Details angemessen hervorheben". *Profile deutsch* führt dazu aus: „Kann in einem Interview oder einem ähnlichen Gespräch ohne viele Hilfen oder Anstöße der befragenden Person Gedanken ausführen und entwickeln." In studio – **Die Mittelstufe B2** wird dies z. B. in Einheit 1 (*über ungewöhnliche Ereignisse sprechen, Erstaunen, Bewunderung und Ablehnung ausdrücken*) umgesetzt.

Berufsbezogene Komponenten des fremdsprachlichen Lernens werden in studio – **Die Mittelstufe B2/2** kontinuierlich in vielen unterschiedlichen Situationen innerhalb der Einheiten und Stationen aufgegriffen, z. B. in Einheit 4 (*Gespräche am Messestand führen, Messen und Produkte)*, Einheit 5 *(einen Bewerbungsbrief schreiben)* sowie in den beiden Stationen mit dem Training für den Beruf (*Informationen vermitteln/Präsentationen, konstruktiv Kritik üben*). Darüber hinaus wird der Berufsbezug durch die Vermittlung von Arbeitstechniken und Lernstrategien mit besonderer beruflicher Relevanz hergestellt, wie etwa die Informationsentnahme aus Grafiken und Statistiken, Bildern und Texten oder das Training unterschiedlicher Notiztechniken.

Ein sanfter Einstieg – Zur Wiederholung ausgewählter Grundstufeninhalte in studio – Die Mittelstufe B2

studio – **Die Mittelstufe B2** eignet sich sowohl für Lernende, die die Reihe studio fortsetzen, als auch für diejenigen, die nicht mit studio vertraut sind bzw. eine längere Pause zwischen B1 und B2 eingelegt haben. Der Übergang von B1- auf B2-Niveau ist erfahrungsgemäß schwierig. Betrachtet man die im Referenzrahmen definierten Zielkompetenzen, so fällt die Steigerung an Komplexität deutlich auf.

B1: „Ich kann Texte verstehen, in denen vor allem sehr gebräuchliche Alltags- und Berufssprache vorkommt. […]"	→	B2: „Ich kann Artikel und Berichte über Probleme der Gegenwart lesen und verstehen, in denen die Schreibenden eine bestimmte Haltung […] vertreten. Ich kann zeitgenössische literarische Prosatexte verstehen."
B1: „Ich kann in einfachen zusammenhängenden Sätzen sprechen, um Erfahrungen und Ereignisse oder meine Träume, Hoffnungen und Ziele zu beschreiben. Ich kann kurz meine Meinungen und Pläne erklären und begründen."	→	B2: „Ich kann zu vielen Themen aus meinem Interessengebiet eine klare und detaillierte Darstellung geben."

Der Übergang der Niveaustufen äußert sich folglich auch im Lehrmaterial. Die Aufgaben sind komplexer und die Texte werden deutlich länger. Arbeitstechniken und -verfahren, fertigkeitsbezogene Teilkompetenzen, Textsortenkenntnisse etc. werden mitunter vorausgesetzt, was für bestimmte Lernergruppen eine Überforderung darstellt und damit auch besondere Ansprüche an Sie als Lehrkraft stellt. studio – **Die Mittelstufe B2** verfolgt daher das Prinzip eines „sanften Einstiegs", das sich in der Auswahl der Themen, des Wortschatzes und der Grammatikprogression widerspiegelt.

studio – **Die Mittelstufe B2** und das Training der vier Fertigkeiten

Die Fertigkeiten werden in jeder Einheit des Lehr-/Lernsystems studio – **Die Mittelstufe B2** angesprochen und in unterschiedlicher Abfolge und Gewichtung trainiert. Dabei geht es um die Aneignung praktischen Könnens, d.h. das Training zielt auf die Automatisierung sprachlicher Handlungen. Fertigkeiten treten meist nicht isoliert auf. Das gilt für die reale Kommunikation und sollte daher auch für den Fremdsprachenunterricht gelten. Ontogenetisch wie auch lernpsychologisch setzen die produktiven Fertigkeiten die rezeptiven voraus. Eine künstliche Trennung der Fertigkeiten lehnen wir daher ab und favorisieren ein ausgewogenes, integriertes und auf die besonderen Bedürfnisse der Lernenden abgestimmtes Training aller vier Fertigkeiten.

Hören spielt in studio – **Die Mittelstufe B2** eine zentrale Rolle, ist es doch im Kommunikationsprozess ein entscheidender Bestandteil der Interaktion und im Fremdsprachenunterricht eine permanente Begleiterscheinung. Die Gehirnforschung belegt eine enge Verbindung zwischen dem Bereich des Hörens und der Emotionalität. Die fremde Welt wird über das Ohr aufgenommen und emotional sortiert. Gleichzeitig handelt es sich um einen hochkomplexen Prozess, der eine Vielzahl von elementaren Kenntnissen (u.a. bezogen auf das Sprachsystem, den sprachlichen Kontext, die Textsorte etc.) voraussetzt. Beim Hörverstehen greift der Hörende auf sein gesamtes Sprach- und Weltwissen zurück und verbindet neue Informationen mit bereits Bekanntem. Dabei muss sowohl inferiert, d.h. fehlende Informationen in Verstehenslücken eingefügt, als auch antizipiert, d.h. Kommendes vorhergesehen werden. studio – **Die Mittelstufe B2** unterstützt dieses komplexe Zusammenspiel in vielfältiger Weise, u.a. durch:

- die Auswahl geeigneter, authentischer wie auch für Lehr- und Lernzwecke aufbereiteter Texte,
- die bewusste Einbeziehung und Förderung unterschiedlicher Hörverstehensarten durch vielfältige Aufgaben-, Übungs- und Trainingsformate, die das Globalverstehen, selektives Verstehen und detailliertes Verstehen fördern,
- das explizite Üben einzelner Teilprozesse, d.h. Übungen u.a. zur Segmentation, Semantisierung, zum *Inferieren** und *Antizipieren**,
- die konsequente Vermittlung von Hörverstehensstrategien,
- emotionale Stützung abstrakter Lerninhalte.

Sprechen als eine Form sozialen Handelns stellt hohe Anforderungen an die Konzentrationsfähigkeit und Reaktionsgeschwindigkeit. Um die Lernenden zu einem angemessenen, flüssigen und möglichst korrektem sprachlichen Handeln zu befähigen, werden in studio – **Die Mittelstufe B2** eine Vielzahl von Möglichkeiten geboten, sich dialogisch wie auch monologisch, in Partner- oder Gruppenarbeit über attraktive Themen auszutauschen. Dabei stellt der Dialog nur eine von vielen weiteren Textsorten dar, die systematisch trainiert werden. Um einer Überforderung der Lernenden entgegenzuwirken, differenziert studio – **Die Mittelstufe B2** im Rahmen der Aufgaben- und Übungsformate nach verschiedenen mit dem Sprechen verbundenen Teilprozessen. So finden sich Formate, die die vorsprachliche Planungsebene (Planung der inhaltlich-begrifflichen und pragmatischen Struktur der Sprechhandlung) ansprechen, ebenso wie Übungen, die die konkrete sprachliche Planungs- bzw. die Ausführungsebene fokussieren. Die Forschung weist in den letzten Jahren verstärkt darauf hin, dass dem Sprechen durch seine Funktion bei der Memorisierung sprachlicher Einheiten im phonetischen Gedächtnis auch Bedeutung für das Training der anderen Fertigkeiten zukommt. Durch attraktive Aufgaben- und Übungsformate, die die Flüssigkeit beim Sprechen steigern, durch eine bewusste Auswahl sprachlichen Inputs wie auch die konsequente Vermittlung ausgesuchter Gesprächsstrategien werden die Lernenden schrittweise auf komplexe sprachliche Handlungen vorbereitet.

Lesen Ein Großteil des Kontaktes zwischen Lernenden und Zielkultur erfolgt über Texte. Wie auch beim Hörverstehen ist bei der Dekodierung und dem Prozess des Textverstehens ein differenziertes Kenntnissystem (von Schriftsprache, Sprachsystem, sprachlichem Kontext und von Textsorten und Weltwissen) notwendig. Dieses kann jedoch in der Fremdsprache nicht vorausgesetzt werden und muss systematisch ausgebildet und erweitert werden. Lerner konzentrieren sich – aufgrund der Präferenz zur aufsteigenden Verarbeitung – oftmals auf einzelne Wörter, können die in der Muttersprache automatisch angewendeten Lesestrategien nicht oder nur unzureichend umsetzen und haben aufgrund der Kulturgeprägtheit von Texten und Textsorten z.T. große Verständnisprobleme. studio – **Die Mittelstufe B2** nimmt sich dieser Probleme konsequent an. So werden je nach Textsorte und

Informationsbedürfnis der Lernenden unterschiedliche Lesestile (global, selektiv, detailliert) systematisch einbezogen. Die in der mutter- und fremdsprachlichen Leseforschung beschriebenen Strategien werden praktisch umgesetzt, indem folgende Aspekte systematisch geübt werden:

- Hypothesenbildung, -überprüfung und -korrektur,
- Texterschließungsverfahren (W-Fragen zur Orientierung),
- Trennung von wesentlichen und eher unwesentlichen Informationen,
- *Antizipieren** und *Inferieren**,
- Umgang mit Wörterbüchern.

Schreiben Die lernpsychologische Bedeutung des Schreibens wird in der Literatur vielfach diskutiert und beschrieben. Aufgrund des hohen Grades an Bewusstsein und der Integration artikulatorischer, visueller und motorischer Komponenten kommt es beim Schreiben in der Regel zu einem größeren Behaltenseffekt. Schreiben ist jedoch ein hochkomplexer Vorgang, der seitens der Lernenden oft als mühselig empfunden wird. Ein spezifisches Training dieser Fertigkeit ist notwendig, da eine hohe mündliche Sprachkompetenz nicht automatisch mit einer hohen schriftlichen Sprachkompetenz einhergeht. Aufgrund unzureichender bzw. fehlender orthografischer, lexikalischer, grammatikalischer und pragmatischer Kenntnisse verläuft der Textproduktionsprozess wesentlich langsamer als in der Muttersprache. Auf Grundlage schreibvorbereitender, textproduzierender und textrevidierender Übungen nimmt sich studio – **Die Mittelstufe B2** dieser Problemfelder an. Reproduktive Aufgaben und Übungen wechseln sich dabei in sinnvoller Weise mit reproduktiv-produktiven und produktiven Formaten ab. Funktionale wie auch kreative Schreibübungen zielen auf die Fundierung einer Textsortenkompetenz, bieten den Lernenden aber auch die Möglichkeit, sich schriftlich phantasievoll auszudrücken.
studio – **Die Mittelstufe B2** führt den objektivierenden Charakter von Schriftsprache vor Augen und sensibilisiert damit für die Unterschiede zwischen Mündlichkeit und Schriftlichkeit. Gerade das Schreiben in der Fremdsprache kann durch seinen Verfremdungseffekt dazu ermutigen, Gefühle und Gedanken mitzuteilen. Die *Ich-Texte** sind Belege dieser Auseinandersetzung und dokumentieren darüber hinaus individuelle Lernfortschritte. Der Bedeutung des Schreibens wird im vorliegenden Band zudem durch das Symbol für Schreibaufgaben Rechnung getragen, aber auch durch die Textbausteine.

Textbausteine

Über (historische) Ereignisse berichten
Es begann damit, dass ... / Anders als heute war es ... nicht (mehr) möglich, ... / Wenn man (früher) ..., musste man ... / ... hatte(n) zur Folge, dass ... / Dank ... ist/gibt es heute ...

Ein Ereignis persönlich kommentieren
Für mich persönlich hat ... (k)eine (große) Bedeutung, weil ... / ...ist für mich (nicht) relevant. Besonders überrascht/erschüttert hat mich ... / Ich kann ... gut (überhaupt nicht) verstehen ... / ... macht mich sehr betroffen. / ... ist aus heutiger Sicht kaum zu verstehen.

Einheit 8, S. 89

Zur Text- und Textsortenkompetenz

Ein besonderes Anliegen von studio – **Die Mittelstufe B2** besteht in der korrekten, möglichst authentischen Darstellung von Texten und Textsorten, mit dem Ziel des systematischen Auf- und Ausbaus einer Text- und Textsortenkompetenz. Textsorten bieten aufgrund ihres normierenden Charakters eine wertvolle Orientierung für die Produktion und Rezeption von Texten. Es gibt jedoch eine Vielzahl interkultureller Unterschiede im Muster von Textsorten. Diese manifestieren sich v. a. in Funktion, Inhalt, Struktur und Stil. Wenn diese Unterschiede nicht thematisiert werden, führt dies zu Missverständnissen in der Rezeption und folglich zur Produktion inadäquater Texte.
studio – **Die Mittelstufe B2** bietet eine vielfältige Palette unterschiedlicher Texte und Textsorten, die auch im Layout authentisch umgesetzt sind. Der Wiedererkennungseffekt erleichtert zum einen die Arbeit, zum anderen gibt er den Lernenden die Möglichkeit, sich im Kursraum über Funktion, Struktur und Stil einer Textsorte auszutauschen. Spezifische Textsorten (u. a. Schwarze Bretter, Internetartikel, iPad-Seiten, Bewerbungsschreiben) und deren Charakteristika werden gezielt erarbeitet, d. h. anhand der Lektüre prototypischer Modelltexte erfolgt eine Beschreibung der relevanten Textmuster. Insofern für die Lernenden die Notwendigkeit der eigenen Textproduktion besteht, wird mit Hilfe von Textbausteinen und spezifischen Aufgaben- und Übungsformaten dieser Prozess sinnvoll begleitet und unterstützt.

studio – Die Mittelstufe B2: Das Konzept

Das Layout

Sie finden neben der bereits angesprochenen Vielzahl authentischer Texte und Textsorten eine für die Mittelstufe ungewöhnlich reiche Bildvielfalt. Es handelt sich hier um Bilder, die einen didaktisch-methodischen Zweck verfolgen und nicht als schmückendes Beiwerk auftreten. Bilder dienen in studio – **Die Mittelstufe B2** als Ausgangspunkt einer Diskussion, werden zur Aktivierung von Vorwissen herangezogen, bieten attraktive Redeanlässe und/oder werden als Verstehenshilfe genutzt. Der Abdruck ganzer Seiten, wie man sie in Frauen- und Männerzeitschriften finden kann, eröffnet der Lehrkraft zudem neue Arbeits- und Gestaltungsmöglichkeiten im Kursraum.

Lernen lernen – zum Strategie- und Kompetenztraining

Im Inhaltsverzeichnis des Kurs- und Übungsbuches werden die einzelnen Schwerpunkte des systematischen Trainings von Lernstrategien ausgewiesen. Zu jeder Einheit gehört eine Vielzahl methodisch-didaktischer Überlegungen und Tipps, die in der Unterrichtsvorbereitung erläutert werden. Implizites Strategie- und Kompetenztraining findet in jeder Einheit statt, ebenso wird eine Lernstrategie am Ende jeder Übungsbucheinheit explizit thematisiert. Dem integrativen Strategietraining entsprechend orientiert sich die Auswahl der Lernstrategien an den in den Einheiten behandelten Themen und Sprachhandlungen. studio – **Die Mittelstufe B2** bietet sowohl eine Wiederholung der bereits in der Grundstufe vorgestellten Lerntechniken (u. a. *W-Fragen, Notizen machen, Lernen mit Bewegung*), als auch eine Vielzahl neuerer Ansätze (z. B. *hypothesengeleitetes Hörverstehen, ein Bild zur Regelerstellung gestalten, eine Sammlung von Wortverbindungen anlegen*). Lernende erhalten so die Möglichkeit, diese Techniken und Strategien kennenzulernen bzw. zu wiederholen und den für sie persönlich effizientesten Lernweg zu entdecken. Neben explizitem und implizitem Strategietraining (z. B. konkrete Lerntipps oder die Anlage der Aufgaben und Übungen) wird durch Angebote zur Evaluation des bisher Gelernten auch eine metakognitive Ebene angesprochen. In diesem Sinne soll *Lernen lernen* in studio – **Die Mittelstufe B2** mit dazu beitragen, Fremdsprachenlernkompetenzen zu entwickeln.

Zur Rolle der Grammatik in studio

Die Grammatikplanung für studio – **Die Mittelstufe B2** geht von folgenden Grundprinzipien aus:

1. Unterscheidung von Lernen (explizit) und Erwerben (implizit)

Lernen bedeutet bewusstes und gesteuertes Aufnehmen von Wörtern und Strukturen. Lernen geschieht durch die Konzentration auf die Sprache. *Erwerben* bedeutet das implizite und unbewusste Aufnehmen und Verarbeiten von Information. Fremdsprachenunterricht konzentriert sich in der Regel auf das Lernen. Die Anwendung gelernter Strukturen und Wörter in persönlichen und damit bedeutungsvollen Aussagen – der Rahmen für den Erwerbsprozess – kommt im Unterricht oft zu kurz. studio – **Die Mittelstufe B2** macht hierzu vielfältige Angebote.

2. Notwendigkeit bedeutungsvoller Inhalte als Ausgangspunkt grammatischer Lernprozesse
Wir können davon ausgehen, dass ausschließlich solche sprachlichen „Daten" verarbeitet werden, die die Lernenden als inhaltlich interessant und motivierend einschätzen. Grammatikarbeit ohne ansprechende Inhalte ist im wahrsten Sinne des Wortes „sinnlos". Inhalte dürfen nicht nur der Verpackung grammatischer Formen dienen, sondern müssen im Lehrwerk und Unterricht ein eigenständiges Gewicht haben. Die Grammatik hat eine dienende Funktion. Die Verbindung von grammatischen Strukturen mit pragmatisch schlüssigen und inhaltlich motivierenden Themen bleibt der Schlüssel zum Lernerfolg.

3. Notwendigkeit inhaltlich sinnvoller Anwendung von Sprachstrukturen im Unterricht
Lernende integrieren nur die Strukturen in die eigene Sprachpraxis, die sie benötigen, um eigene Inhalte und Gedanken auszudrücken. Trotz oftmals knapper Unterrichtszeit dürfen die Anwendung, das Flüssigkeitstraining und damit die Chance der Integration von neuem Wissen in sprachliches Handeln – das Erwerben des Gelernten – nicht zu kurz kommen. Für den Unterricht folgt daraus die Notwendigkeit des expliziten Trainings inhaltlich bedeutsamer Aussagen.

4. Explizites Training von sprachlicher Flüssigkeit
In studio – **Die Mittelstufe B2** sind Übungen zur flüssigen Anwendung von erlernten Sprachmustern und Wörtern mit ausgewiesen. Übungen und Aufgaben zur fremdsprachlichen Flüssigkeit sind eine notwendige Voraussetzung für den Erwerb grammatischer Strukturen. Der *Fokus auf die Formen** und ihr Verstehen sichert noch nicht den flüssigen Gebrauch in der gesprochenen Sprache.
Übungen mit dem Automatisierungssymbol sind durch folgende Merkmale ausgezeichnet:

- eine hohe Wiederholungsrate,
- ein natürliches Sprechtempo,
- übertragbare Muster,
- Flüssigkeit vor Korrektheit, es sollte keine Korrekturunterbrechungen geben,
- Fehler sind durch die Form der Vorgaben weitestgehend ausgeschlossen.

5. Aufteilung grammatischer Strukturen in lernbare und funktional begründbare Teileinheiten nach dem Grundsatz „Lernbarkeit vor Vollständigkeit"
Mit der Aufteilung der grammatischen Strukturen in lernbare Teileinheiten folgen wir den Grundprinzipien einer zyklischen Grammatikprogression. Diese zielt darauf, die kognitive Verarbeitungskapazität der Lernenden nicht zu überfordern und gleichzeitig eine Unterforderung zu vermeiden. Grammatische Strukturen werden immer zuerst implizit, d. h. in ihrer Funktion in mündlichen oder schriftlichen Texten, präsentiert. Ihre Bewusstmachung erfolgt nach der inhaltlichen Auswertung der Texte und oftmals auch nach dem ersten Gebrauch der Struktur durch die Lernenden. Der Bewusstmachung folgt dann eine Trainingsphase, in der die Strukturen angewendet und gefestigt werden.
Der Band B2/2 greift aus der Grundstufe sowie aus dem Mittelstufenband B2/1 bekannte wichtige Strukturen noch einmal auf, wiederholt sie und erweitert sie auf B2-Niveau.

6. Einbeziehung von Erkenntnissen über natürliche Erwerbsreihenfolgen
Für die Planung der Grammatikprogression haben wir uns auch bei studio – **Die Mittelstufe B2** an folgenden Grundsätzen orientiert:

- vom Leichten zum Komplizierteren (Komplexität einer Struktur/Lehrbarkeit)
- von plausiblen, bekannten Kontexten zu neuen inhaltlichen Zusammenhängen (Lernerbezug/Vorwissen)
- vom Häufigen zum Selteneren (Frequenz einer Struktur)
- von Strukturen mit hoher Leistungsbreite zu Strukturen mit geringerer Leistungsbreite (Transferpotenzial einer Struktur)
- pragmatische Aufteilung des grammatischen Pensums (Portionierung in lernbare Einheiten, die das Erkennen und Verstehen, Verarbeiten und Abrufen/Anwenden der grammatischen Strukturen für die Sprachproduktion ermöglichen)
- Hinweise auf universalgrammatische Lernreihenfolgen (Lernbarkeit).

Zum Stellenwert der Grammatik im Unterricht

Aus den genannten Überlegungen ergibt sich ein Vorschlag für eine gleichgewichtige Aufteilung von Unterrichtsaktivitäten nach dem folgenden Modell:

Präsentation „bedeutungsvoller“ Inhalte	sprachformbezogener Unterricht: Wortschatz und Grammatiktraining
aktives Sprachhandeln der Lernenden	Training von sprachlicher Flüssigkeit

Im Lehrwerk beanspruchen dabei die Präsentation von Inhalten und eine induktive, entdeckende Grammatikarbeit naturgemäß einen breiteren Raum als im Unterricht insgesamt. Aktives Sprachhandeln in bedeutungsvollen Kontexten und ein auf die konkrete Lerngruppe abgestimmtes Flüssigkeitstraining müssen im Kurs das Angebot des Lehrwerks ergänzen.

Präsentation der Grammatik

Die Auswahl der zu thematisierenden und zu übenden Grammatikstrukturen erfolgt auf Basis der B2-Kannbeschreibungen des GER und von *Profile deutsch.*

Das Kurs- und Übungsbuch gibt den Lernenden Hilfen zum eigenständigen Entdecken und Bewusstmachen der grammatischen Strukturen. Dabei wird weitgehend auf vorgefertigte Grammatiktabellen verzichtet. Die Referenztabellen finden die KT im Überblick im Anhang (*Grammatik auf einen Blick*). Sie können bei Bedarf wie ein Nachschlagewerk gebraucht werden. Da von einem unterschiedlichen Bedarf der KT an formalen Erklärungen auszugehen ist, ist der induktive Lernweg zwar häufig vorgezeichnet, aber kein ausschließlicher Ansatz. Minimemos, Lerntipps, klärende Tabellen und Visualisierungen mit sparsamer, aber einprägsamer Farbgebung ergänzen das Lernangebot um deduktive Elemente.

Grammatikprogression

Bei der Aufteilung des grammatischen Lernpensums wird pragmatisch und sprachhandlungsbezogen verfahren. Es kann auch auf dem Niveau B2 nicht darum gehen, Grammatikphänomene „durchzunehmen“ oder „abzuhaken“. Vielmehr steht die Sprachhandlung im Vordergrund, eben das oben bereits angesprochene Handeln in und mit bedeutungsvollen Inhalten, für die man entsprechende Strukturen, aber vor allem auch Wortschatz oder Registerkenntnisse (z. B. Formen von Höflichkeit, Intonation) benötigt. So werden z. B. nach dem Kriterium der Frequenz die Formen der indirekten Rede und der Konjunktiv I im ersten Teilband zunächst nur rezeptiv eingeführt, da diese vor allem in Zeitungstexten häufig vorkommen. Der/die Autor/in des Zeitungsartikels macht so deutlich, dass er/sie die Aussage oder Meinung einer anderen Person wiedergibt und keine Garantie für den Inhalt der Worte übernehmen möchte. In der gesprochenen Sprache hingegen werden die Regeln der indirekten Rede mit der Verwendung der Konjunktivformen oft nicht beachtet, man hört *würde*, *hätte* und *wäre* anstelle der korrekten Konjunktivformen des Vollverbs, oft wird indirekte Rede auch im Indikativ wiedergegeben. Deshalb geht es in studio – **Die Mittelstufe B2** zunächst um das Erkennen der indirekten Rede in Texten und um das Erkennen ihrer spezifischen Funktionen. Der aktive Gebrauch der indirekten Rede vor allem in schriftlichen Texten ist Lerngegenstand des Bandes B2/2.

Wir gehen davon aus, dass durch die pragmatisch orientierte, d. h. sprachhandlungsbezogene Verteilung des Lernstoffes die Komplexität vieler sprachlicher Phänomene entschärft und auf diese Weise Lernschwierigkeiten entgegengewirkt werden kann.

studio – Die Mittelstufe B2: Das Konzept

Grundprinzipien der Wortschatzauswahl und -arbeit

Angebot von Wortfeldern nach den Vorschlägen des GER und von *Profile deutsch*

Es erfolgte eine Übernahme der Wortfeldvorschläge von *Profile deutsch* in Verbindung mit den Kannbeschreibungen. Hierbei handelt es sich immer um eine begründete Auswahl und Gewichtung seitens der Autorinnen und Autoren.

Wortschatz als offenes Angebot – Differenzierungsmöglichkeit

Die Arbeit an Wortfeldern ist als strukturiertes, aber offenes Angebot zu verstehen. Ein Wortfeld wie „In der Autowerkstatt" wird im Zweitsprachenunterricht in einer deutschsprachigen Umgebung beispielsweise intensiver bearbeitet und ausgebaut werden, weil die Sprachhandlung zum Alltag der Lernenden gehören kann. Hier kann das Angebot je nach Lernort und Lerngruppe frei gestaltet werden.

Berufsbezogener Transferwortschatz als Lernangebot

Die Einheiten und besonders die Stationen bieten Wortschatz, der in unterschiedlichen Berufen und beruflichen Kontexten benötigt wird (Prinzip der Integration berufsbezogenen Lernens).

Intensives Training von Wortverbindungen

Die Notwendigkeit der Vermittlung routinierter, formelhafter Sprache im Fremdsprachenunterricht steht mittlerweile außer Frage. Eine Umsetzung der im GER umrissenen Sprachhandlungskontexte wäre ohne die Einbindung fester Wendungen, wie z. B. *ehrlich gesagt ..., Soweit ich weiß ..., Ich sehe es so: ...* etc. nicht möglich, bilden diese doch die Grundlage für gruppenkonformes und adäquates sprachliches Handeln in unterschiedlichen soziokulturellen Kontexten und sind damit Schlüssel zur kommunikativen Kompetenz in der Fremdsprache. studio – **Die Mittelstufe B2** nimmt sich dieser Strukturen in besonderer Weise an und bietet neben der vielfältigen impliziten Arbeit in den Einheiten und Stationen eine Seite zu „Wortverbindungen intensiv" am Ende einer jeden Übungsbucheinheit an. Damit wird formelhafte Sprache nicht nur beiläufig präsentiert, sondern den Lernenden die Möglichkeit eröffnet, diese wichtigen Strukturen überhaupt erst einmal wahrzunehmen, sie in sinnvoller Weise zu wiederholen und dadurch in aktiven Wortschatz umzuwandeln.

Lernstrategien zum Verstehen, Ordnen und Memorisieren von Wörtern

studio macht immer wieder praktische Angebote zur Einübung von Strategien der selbstständigen Wortschatzarbeit. Eine explizit ausgewiesene Strategie finden Sie auf der Seite „Wortverbindungen intensiv".

Phonetik und Aussprachetraining

Jede Sprache hat ihre eigenen phonetischen Mittel. Die phonetischen Mittel des Deutschen können mit Mitteln anderer Sprachen übereinstimmen, sich aber auch von ihnen unterscheiden. Will man sich im Deutschen verständlich artikulieren und gesprächsfähig sein, sollte besonderer Wert auf die Aussprache, das heißt die Artikulation der Laute und die Intonation, gelegt werden. Mit einer korrekten Lautung und vor allem einer möglichst deutlichen und natürlichen Intonation hat man es leichter, sich situativ angemessen zu verhalten und verstanden zu werden.

Die Übungen mit dem Phonetikzeichen helfen, die korrekte Aussprache der Vokale und Konsonanten sowie die typische Intonation des Deutschen zu wiederholen und zu festigen. Sowohl sensorische als auch motorische Fähigkeiten werden weiterentwickelt und Angebote zur Automatisierung der Abläufe gemacht. Die Lernprogression verläuft in der Phonetik anders als auf anderen Sprachebenen: Interferenzen können sich als sehr langlebig und hartnäckig erweisen. Deshalb kommt dem Wiederholen von Mustern eine zentrale Bedeutung im Phonetikunterricht zu. Einen anhaltenden Übungseffekt zu sichern, also Klangmuster zu speichern sowie Sprechbewegungen einzuschleifen, braucht vor allem Zeit, Geduld und Energie, da jede abweichende Lautung und Intonation nur durch ständiges Wiederholen und Anwenden trainiert werden kann. Die Bewusstmachung des phonetischen Systems mit seinen Regeln sowie artikulatorischen und intonatorischen Mustern hilft, kann aber die Automatisierung der Abläufe nicht ersetzen. Akzentuierung, Rhythmus und Melodie bestimmen den Klang einer Sprache und sind für das Sprachverstehen von entscheidender Bedeutung. Das Deutsche gehört zu den akzentzählenden Sprachen, d. h. die Satzakzente werden in annähernd gleichen Abständen gesetzt.

Die Satzakzente liegen im Allgemeinen nur auf solchen Silben, die in Wörtern als Akzentstellen festgelegt sind. Die Wahrnehmung und Anwendung der Wortakzente ist daher Grundlage der Satzakzentuierung, des Rhythmus und der Sprechmelodie. Neben artikulatorischen Übungen werden verstärkt Übungen zu Wort- und Satzakzenten sowie zur Satzmelodie angeboten. Sprechpausen, die ein wichtiges Textgestaltungselement sind und das Verstehen gehörter Texte erleichtern, werden thematisiert. Durch die häufige Einbettung der IPA-Schriftzeichen bis hin zu spielerischen Transkriptionsübungen wird der Umgang mit der IPA geübt. Auf diese Weise wird das eigenständige Erarbeiten von neuem Wortschatz und seiner Aussprache mit Hilfe geeigneter (Aussprache-) Wörterbücher ermöglicht.

Phonetische Grundlagen beeinflussen den Sprachlernprozess positiv, sie fördern das verstehende Hören, das freie Sprechen und die Identifikation mit der Zielsprache. Deshalb wurden die Phonetikübungen sowohl in das Kurs- als auch in das Übungsbuch integriert. Sie orientieren sich immer an den jeweiligen thematischen Inhalten einer Einheit. Außerdem finden Sie in diesen Übungen Wortschatz, sprachliche Routinen und die grammatischen Schwerpunkte der jeweiligen Einheit wieder. Die Übungen im Übungsbuch sind so konzipiert, dass Lernende sie alleine durchführen können. Häufig müssen im Ausspracheunterricht Sprechhemmungen abgebaut werden, weil die sprecherische Identität als ungewohnt wahrgenommen wird. Eine entspannte Kursatmosphäre ist daher gerade für die Aussprache unerlässlich. Manche Lerner scheuen sich vor Ausspracheübungen in der Gruppe. Die Angebote im Übungsbuch helfen, auch individuell zu trainieren.

In der Regel sind alle Ausspracheübungen folgendermaßen konzipiert: hören – markieren – hören und vergleichen – nachsprechen – gelenktes Sprechen – ggf. freies Sprechen.

Folgende Varianten bieten sich für phonetische Übungen an:

1. Die Sprechübungen können in Lautstärke (laut, leise) oder Sprechtempo (langsam, schnell) variabel gestaltet werden. Besonders hilfreich ist die Realisierung emotionaler Formen. Lassen Sie die Übungen freundlich, ärgerlich, verwundert, ängstlich usw. sprechen – das kann bis zur Theatralik reichen, je nach Talent und Lust der Lernenden.

2. Arbeiten Sie mit Körperbewegungen und Gesten, unterdrücken Sie keinesfalls eine natürliche Gestik – sie gehört zum Sprechen dazu. Folgende Übungen lockern auf und verstärken gleichzeitig den Übungseffekt: Melodieverläufe und Pausen mit den Armen zeigen, Akzente mit einem Klatschen in die Hände markieren, lange Vokale zwischen den Händen dehnen usw.

3. Alle Tonbeispiele der Audio-CD und der Video-DVD können für phonetische Übungen genutzt werden, auch wenn sie nicht explizit als solche markiert sind. Die meisten Sprecher/innen geben muttersprachliche Lautungs- und Intonationsmuster vor, die man nachsprechen oder mitsprechen kann. Auch das Mitsummen ist hilfreich, besonders zur Verdeutlichung der deutschen Intonation. Die Lernenden können dann ihr eigenes lautes Sprechen oder Lesen aufnehmen und mit den deutschen Sprecherinnen und Sprechern vergleichen. Je nach technischen Möglichkeiten eignet sich diese Anregung sowohl für das Unterrichtsgeschehen als auch für das Selbststudium zu Hause.

4. Phonetische Schwerpunkte lassen sich auch auf andere Übungen übertragen: Vor allem Monologe, Dialoge und Lesetexte eignen sich zur Wiederholung und Anwendung der Aussprache und Intonation, auch wenn diese nicht mit dem Phonetiksymbol ausgewiesen sind.

studio – Die Mittelstufe B2: Das Konzept

Landeskunde und interkulturelles Lernen

Fremdsprachenunterricht beschränkt sich nicht nur auf das Lehren und Lernen sprachlicher Strukturen, sondern dient auch der Vermittlung von Kenntnissen über das Land bzw. die Länder und die Kultur(en) der Zielsprache sowie dem interkulturellen Lernen. Ziel von **studio** ist es, landeskundliches Wissen zu vermitteln und dieses Wissen mit den Erfahrungen und Gegebenheiten der eigenen Realität zu vergleichen, persönliche Fremdheitserfahrungen zu machen sowie die Empathiefähigkeit, also das Verständnis für die Kultur des jeweils Anderen, den Abbau von Vorurteilen und die Akzeptanz von Unterschieden zu fördern.

Landeskundlich-interkulturelles Lernen findet in **studio** integriert und auf unterschiedliche Art statt:

1. Visuell und textuell unterstützt durch die gelb unterlegten Landeskunde-Kästen, Fotos, Zeichnungen und Grafiken, die die Wahrnehmung trainieren und Gesprächsanlässe bieten.

2. Auditiv unterstützt durch Hörtexte, die nicht nur sprachliche Informationen transportieren, sondern auch den situativen Hintergrund und die Atmosphäre spiegeln.

3. Textbasiert durch die Präsentation von Themen und Texten, die am Referenzrahmen und an der Zielgruppe orientiert sind. Die ergänzenden Informationen in den Landeskundekästen trainieren vor allem das globale und selektive Lesen. Gerade die Auseinandersetzung mit Texten verlangt von den Lernenden Offenheit und die Bereitschaft zum Perspektivwechsel als Basis des landeskundlich-interkulturellen Lernens.

4. Audio-visuell durch die fakultativ einsetzbaren Videoclips, die neben den dargestellten Themen eine Vielzahl weiterer Eindrücke, Gesprächsanlässe und „Wissensbausteine" transportieren.

5. Multimedial durch die Internetseite zu **studio**: www.cornelsen.de/studio-mittelstufe.
Die Internetverweise im Lehrwerk, aber auch die aktuellen Angebote der Internetseite liefern Ihnen auf die Lehrwerksprogression abgestimmte landeskundliche Tipps für den Unterricht.

Wir wünschen Ihnen viel Erfolg und Spaß bei der Arbeit mit **studio** – **Die Mittelstufe B2**!

Ihr Autorinnen-Team
Christina Kuhn, Britta Winzer-Kiontke, Ulrike Würz

Echt extrem 1

In der Einheit 1 beschäftigen sich die KT mit dem Thema „Echt extrem". Es geht um Meinungen, Kommentare und Bewertungen von extremen Lebens- und Verhaltensweisen. Der Einstieg erfolgt über eine Magazinseite mit verschiedenen Kurzmeldungen, wodurch auf das Thema in seiner Vielfalt eingestimmt werden soll. In den weiteren Sequenzen wird mit Hilfe verschiedener Zugänge das Thema entfaltet: in Form einer Meinungsbefragung, eines Porträts über den Hochseilartisten Falko Traber und der Fernsehshow *Wetten, dass ...* . Die KT erhalten die Möglichkeit, sich mit den Textsorten Magazinartikel und Experteninterviews zu beschäftigen, darüber hinaus lernen sie, Erstaunen, Bewunderung oder Ablehnung auszudrücken. Das historische Präsens, das vor allem für lesernahe Erlebnisschilderungen relevant ist, wird rezeptiv eingeführt. Der Konjunktiv II in irrealen Vergleichen und in der Vergangenheit sowie die emotionale Aussprache werden zur Umsetzung der hier behandelten Sprachhandlungen thematisiert. Außerdem wird in die emotionale Sprechweise rezeptiv eingeführt. Die Einheit schließt mit einer wissenschaftlichen Betrachtung zum Thema „Gedächtnis" und bietet implizit Lernstrategien an.

Textsorten

Zeitungsrubrik *Wissen spezial*, S. 8/9
Interview *Was ist extrem?*, S. 10
Zeitungsporträt *Die Angst läuft mit*, S. 11
Kurzkommentare *Zuschauerreaktionen zur Hochseil-Show*, S. 12
Zeitungsbericht *Ein Quotenhit wird 30*, S. 14
Interview *Extrem sein*, S. 15, *Silvia Krumpholz, Gedächtnistrainerin*, S. 16
Kurzmeldung *Gedächtnisweltrekorde auf den Memo Masters, S. 16*

Wortfelder/Sprachhandlungen/Routinen

Über extreme Ereignisse und Erlebnisse sprechen/schreiben, S. 10
Erstaunen ausdrücken, etwas bewundern/ablehnen, S. 10

Grammatik

Historisches Präsens erkennen, S. 12
Konjunktiv II in irrealen Vergleichen und in der Vergangenheit, S. 13

Phonetik

Emotionale Sprechweise und Ironie verstehen, S. 15

Kompetenzfelder

Textsorten erkennen, Informationen austauschen,
Texte zusammenfassen, Texte rekonstruieren, Wörter aus dem Kontext erklären, S. 8
Meinungen begründen, kommentieren, Ich-Text schreiben, S. 10
Textstrukturen erkennen, S. 11/S. 14

Testformat(e) – Prüfungsvorbereitung

Goethe-Zertifikat B2: Hörverstehen 2, S. 15
telc Deutsch B2: Hörverstehen Teil 1, S. 106
Goethe-Zertifikat B2, Leseverstehen 1/telc Deutsch B2: Leseverstehen Teil 3, S. 107
telc Deutsch B2: Sprachbausteine 1, S. 111

1 Was ist schon normal?

1 Textsorten auf einen Blick

Textsorten und Layout im Zusammenhang betrachten

Die KT sollen die Texte an dieser Stelle nicht lesen, sondern vor allem einen Blick auf die gesamte Doppelseite werfen: Durch das Layout wird deutlich, dass es sich um ein Magazin oder eine Zeitschrift handelt, die Überschrift „Wissen spezial" gibt einen ersten Hinweis auf den Inhalt. Das Einordnen der Texte in einen Kontext unter der Fragestellung *Wo finden Sie solche Texte im Alltag?* dient als Strategie, um Hypothesen über die zu erwartende Textsorte zu bilden. Arbeiten Sie direkt im Plenum, damit die KT die Texte noch nicht lesen.

2 Informationen austauschen

a) b) c)

a) Strategietraining: Texte überfliegen, anhand von Überschriften und Bildern Vermutungen zu Textinhalten anstellen
b) eine Auswahl treffen und begründen
c) *detailliertes LV**, Strategietraining: Schlüsselwörter markieren und mit deren Hilfe Inhalte zusammenfassen

a) Um zu vermeiden, dass die KT die Texte bereits lesen, arbeiten Sie im Plenum. Sie steuern durch das Tempo. Sammeln Sie an der Tafel. Beziehen Sie ggf. Ü2 aus dem Übungsteil (S. 104) ein.
b) Die KT wählen drei Texte aus, die sie selbst interessant finden. Auch jetzt sollen sie diese noch nicht lesen, sondern ihre Wahl aufgrund der Überschriften und Fotos begründen. Der Austausch kann in Partnerarbeit erfolgen.
c) Erst jetzt lesen die KT die Texte, die sie gewählt haben. Lassen Sie die Texte mündlich zusammenfassen.

3 Texte rekonstruieren

Texte rekonstruieren durch Erschließen aus dem Kontext

Lassen Sie die KT zuerst in PA die entsprechenden Texte noch einmal ganz lesen, dann die nicht lesbaren Stellen markieren, und zwar so, dass die zusammenhängenden Wortgruppe markiert wird – so wird der unmittelbare Kontext deutlich.

Stärkere KT arbeiten allein.

Bereiten Sie verschiedene kurze Texte zu Themen vor, die den KT bekannt sind. Jeder KT darf in einem Text ca. fünf Wörter „verwischen". Die Texte werden untereinander ausgetauscht und rekonstruiert. In KG erfolgt dann die Korrektur.

4 Wörter aus dem Kontext erklären

a) oder b)

a) Strategietraining: unbekannte Wörter aus dem Kontext erschließen,
b) Bewusstmachen des eigenen Vorgehens

a) Wenn die KT Schwierigkeiten haben, entlasten Sie die Aufgabe vor: *Messie* und *Flashmob* lassen sich aus dem Englischen erklären; die anderen Wörter können in Komposita zerlegt werden. Achten Sie aber darauf, dass Sie nicht bereits die Erklärungen liefern, sondern lediglich Hilfen zur Erschließung der Wortbedeutungen geben. Die Erklärungen können mündlich oder schriftlich erfolgen.
b) Hier sollen sich die KT der von ihnen herangezogenen Strategien bewusst werden.

Schwächere KT wählen nur ein bis zwei Wörter aus, stärkere KT erklären alle Wörter.

Die KT visualisieren die Wörter.

Nutzen Sie die Wörter als Gesprächsanlass: *Welche „Ticks" kann man noch haben? Welche typischen „Schönwetterthemen" kennen Sie noch? Worin kann man außerdem ein „Meister" sein? Wer hat eine tolle Idee für einen Flashmob? Hat jemand schon einmal an einem Flashmob teilgenommen?*

5 Extrem ist …

Wortfeld: *über etwas Ungewöhnliches sprechen, etwas positiv/negativ bewerten*

Die PA dient dazu, mit den Redemitteln bekannt zu werden. Dazu können die Themen von S. 8/9 oder auch eigene bewertet werden. Sie können weitere Beispiele an die Tafel schreiben und im PL konkretisieren: *Extremsport, extremer Geiz, extreme Essgewohnheiten, extreme Hobbys.*

Nach der PA klären Sie die einzelnen Redemittel: Welche sind umgangssprachlich? Wer würde sie in welchen Redesituationen benutzen? Lassen Sie anschließend in KG eine weitere Runde durchlaufen. Achten Sie darauf, dass die KT ihre Meinung auch begründen.

6 Da gehen die Meinungen auseinander

*selektives HV**, Aussagen kommentieren

Lassen Sie vor dem ersten Hören die Aussagen zuerst lesen und klären Sie unbekannten Wortschatz.
Zur Vorbereitung der Kommentierung sollen die KT in zwei Schritten vorgehen:

1. Was ist das Thema der Aussage? → Extremsport (Apnoe-Tauchen)
2. Wie wird das Thema bewertet? → neutral/bewundernd/Erstaunen ausdrückend: „absolut extrem"

Erst dann sollen die KT zustimmen bzw. ablehnen und ihre Meinung begründen.

3. Zustimmung oder Ablehnung? → eigene Meinung

Die Aufgabe kann auch schriftlich bearbeitet werden.

Die KT erarbeiten die Kommentierung in PA oder wählen nur eine Aussage.

Vor dem ersten Hören werden Vermutungen über die Zuordnungen angestellt: Wer könnte was sagen? Die Hypothesen werden begründet und nach dem Hören überprüft.
Strategietraining: Fragen Sie zur Bewusstmachung Ihre KT nach den angewendeten Hörstrategien: *Welche Schlüsselwörter haben geholfen? Musste man alles verstehen, um zuordnen zu können?*

7 Extrem war …

oder

*Ich-Bezug** herstellen, Vermutungen anstellen, begründen

Jeder KT bereitet drei extreme Aussagen über sich vor, von denen nur eine wahr ist. Die KT laufen im Kursraum umher und suchen sich einen Gesprächspartner. Sie lassen sich die drei Aussagen erzählen und vermuten, welche die wahre ist. Die Auflösung kann im Partnergespräch erfolgen oder erst im PL, wo die KT ihre Vermutung begründen sollen.

Fragen Sie im PL nach den lustigsten, kreativsten, extremsten Aussagen.

8 „Extrem ist …" oder „Was ist schon normal?"

*Ich-Text** schreiben unter Verwendung von Textbausteinen

Sie können die Aufgabe im Unterricht vorentlasten, indem Sie in PA oder im PL die Textbausteine ergänzen lassen. Weisen Sie Ihre KT darauf hin, die Textbausteine einzubeziehen. So erweitern sie ihren produktiven Wortschatz. Für eine Hausaufgabe geben Sie einen Wortumfang vor. Die Korrektur kann auch als Partnerkorrektur im Kursraum erfolgen.

2 Beruf extrem

1 Ein Leben auf dem Drahtseil

Strategietraining: Textstrukturen erkennen, *globales LV**

a) Achten Sie bei dieser Aufgabe auf die Zeit: Die KT sollen den Text noch nicht lesen, sondern mit Hilfe des Layouts zuerst die Textstruktur erkennen und die Kategorien zuordnen.

Für schwächere KT klären Sie zuerst die Kategorien, die zugeordnet werden sollen. Bringen Sie ggf. eine Zeitschrift in der Landessprache mit.

b) Auch hier soll noch nicht detailliert gelesen werden, sondern durch Überfliegen die zur Lösung der Aufgabe nötigen Schlüsselwörter gefunden werden. Sie können diese Aufgabe auch als Wettbewerb im PL gestalten, wenn Ihre Gruppe relativ homogen ist.

Schwächere KT sollten vor der Aufgabe ausreichend Zeit bekommen, sich die Antwortmöglichkeiten durchzulesen.

c) Kognitivierung der Lesestrategie: Reflektieren Sie gemeinsam im Kurs die Lesestrategien. Ziehen Sie zur Auswertung ggf. Übung 2 aus dem Übungsteil (S. 104) heran. Ziel sollte es sein, dass Ihre KT erkennen, dass zur Erfassung der wichtigsten Textaussagen ein Wort-für-Wort-Lesen nicht notwendig ist.

2 Überschriften strukturieren Texte — oder

Lesestrategien anwenden: Abschnitte mit Hilfe von Schlüsselwörtern zuordnen

Lassen Sie Ihre KT vor der Aufgabe Schlüsselwörter im Text markieren.

Bevor Sie zu Aufgabe 3 übergehen, können Sie eine Wortschatzarbeit einfügen. Lassen Sie mithilfe von Wörterbüchern Wörter erklären und Beispielsätze zu *Artist, Seiltänzer, balancieren* bilden. Beziehen Sie ggf. Übung 3 der Wortverbindungsseite S. 113 ein.
Bringen Sie Bilder von Trapezkünstlern, Akrobaten usw. mit und lassen Sie die Tätigkeiten und Herausforderungen mit dem erarbeiteten Wortschatz beschreiben.

3 Zuschauerreaktionen zu Falko Traber – die Hochseil-Show — und

*detailliertes HV**, Sprachregister erkennen

a) Geben Sie den KT vor dem ersten Hören kurz Zeit, die Redemittel zu überfliegen. Hören Sie dann einmal, ggf. zweimal die Zuschauerreaktionen, um die verwendeten Redemittel zu markieren.
b) Die Unterscheidung in „ältere/jüngere Leute" soll helfen, unterschiedliche Register, hier „formell" vs. „informell", leichter zuzuordnen, ohne dass eine allgemeingültige Regel vermittelt werden könnte. Jüngere Leute benutzen eher informelle Redemittel. Diese sind mit * markiert. Wichtig ist, darauf hinzuweisen, dass informelle Redemittel sehr kontext- und adressatenspezifisch sind und im Zweifel auf formelle Redemittel zurückgegriffen werden sollte.

4 Und Sie?

produktive Verwendung der Redemittel und des neuen Wortschatzes, kommentieren, *Ich-Bezug** herstellen

Um die Redeanteile Ihrer KT zu erhöhen, arbeiten Sie im Schneeballverfahren (je nach Gruppengröße): erst zu zweit, dann zu viert, zuletzt im PL. Achten Sie darauf, dass die KT aufeinander Bezug nehmen. Weisen Sie Ihre KT darauf hin, die Redemittel einzubeziehen. So erweitern sie ihren produktiven Wortschatz.

Schwächere KT bereiten ihre Meinung schriftlich, z. B. als Tabelle, vor.

Diese Aufgabe eignet sich auch zur schriftlichen Bearbeitung.

5 Historisches Präsens

historisches Präsens erkennen und seinen Gebrauch verstehen

a) Die KT sollen induktiv erkennen, dass im Text ein Ereignis der Vergangenheit im Präsens geschildert wird.
b) Hier soll die Verwendung des historischen Präsens noch einmal verdeutlicht und explizit gemacht werden. Zur Vertiefung beziehen Sie ggf. Übung 11 aus dem Übungsteil (S. 108) in die Kursarbeit ein.

KV 1/2: historisches Präsens

6 „Auf Draht sein" – Wortverbindungen oder

Kognitivierung der Wortverbindungen, Wiederholung und Festigung

Durch die Definitionen wird die Aufmerksamkeit der KT explizit auf die Bedeutung der Wortverbindungen gelenkt, die alle einen übertragenen Sinn haben. Sofern Sie bei 2) die Wortverbindungsseite einbezogen haben, dient diese Aufgabe der Wiederholung und Festigung.

Diese Aufgabe eignet sich für eine kreative Verarbeitung, indem jeder KT ein oder zwei selbst gewählte Wortverbindungen visualisiert.

3 Als ob …

1 Konjunktiv II in irrealen Vergleichen oder

Kognitivierung des Konjunktivs II in irrealen Vergleichen, Strategietraining: Sammeln, Markieren (*SOS-Prinzip**)

a) und b) Die KT sollen induktiv auf Verwendung und Funktion des Konjunktivs II hingewiesen werden. Analysieren Sie ggf. im Plenum. In c) wird die Aufmerksamkeit auf die grammatische Form gelenkt, d) soll sowohl Verwendung als auch Struktur explizit machen.
Beziehen Sie ggf. Übung 13 aus dem Übungsteil (S. 109) in die Kursarbeit ein.

Zur allgemeinen Wiederholung des Konjunktivs II bearbeiten Sie vor dieser Sequenz Übung 12 aus dem Übungsteil (S. 108).

2 Über Wahrnehmungen und Gefühle sprechen ➢

*Automatisierung**

Syntaktisch können alle Satzbausteine miteinander verbunden werden: *Beim Autofahren hat man den Eindruck, als ob man zum Delfin werden könnte.* Wenn Sie die Schwierigkeit erhöhen wollen, lassen Sie nur semantisch sinnvolle Sätze formulieren: *Beim Schwimmen hat man den Eindruck, als ob man zum Delfin werden könnte.* Wichtig aber ist, dass die Aufgabe in einer ansteigenden Geschwindigkeit durchgeführt wird.

b) Schwächere KT bereiten die Sätze schriftlich vor.

3 Konjunktiv II: Ausdruck der Vergangenheit ➢

Kognitivierung des Konjunktivs II als Ausdruck der Vergangenheit, Strategietraining: Markieren und Vergleichen (*SOS-Prinzip**)

Durch Markieren und Vergleichen der Sätze werden die KT induktiv an die Struktur herangeführt. Erst in c) wird explizit die Regel angeführt. Beziehen Sie ggf. Übung 14 aus dem Übungsteil (S. 109) in die Kursarbeit ein.

Lassen Sie eigene Sätze unter Einbezug der Fotos von S. 8/9 formulieren:
Die Menschen bei dem Flashmob sehen aus, als ob sie viel Spaß gehabt hätten.

4 Wetten, dass ...

1 Wetteinsatz extrem

a) b) und c) / d) /

Strategietraining: Hypothesen bilden, *detailliertes LV**, bewerten und diskutieren

a) Fragen Sie die KT, ob sie die Sendung *Wetten, dass ...?* bereits kennen und schon einmal gesehen haben. Gibt es eine ähnliche Sendung in ihrem Land?
b) D-A-CH wird nur indirekt im Text erklärt; weisen Sie die KT auf die Bedeutung der Abkürzungen hin: Deutschland – Österreich (Austria) – Schweiz (Confederatio Helvetica)
c) Alle Definitionen zu „Wette" sind richtig, aber nur 1) trifft hier völlig zu.

Um die Redeanteile der KT zu erhöhen, regen Sie die KT an, weitere Wettbeispiele zu finden: Wann wettet man? Warum und worum wird gewettet? Wer hat schon einmal, wer noch nie gewettet?

d) Zur Vorentlastung der Aufgabe sollten die KT die Wetten zunächst durch detailliertes Lesen herausfiltern; sie können auch an der Tafel gesammelt werden. In PA sprechen die KT über die extremste Wette. Erst dann wird im PL diskutiert. Lassen Sie die Anfertigung der Kursstatistik einen starken KT moderieren.

2 Extremes in „Wetten, dass ...?"

etwas beurteilen

Diese Aufgabe eignet sich auch für eine schriftliche Bearbeitung.

3 Extrem sein – Extremes tun. Ein Interview mit dem Psychologen Dr. Bernd Schneider

*detailliertes HV** eines Experteninterviews

Zur Vorentlastung können Sie zuerst die Fragen an die Tafel schreiben; die Kursbücher bleiben geschlossen. Die KT wählen zu zweit eine Frage aus und sprechen darüber. Ihre Meinungen sollen sie schriftlich in Stichwörtern festhalten.
Zur Auswertung nach dem Hören bietet sich der Abgleich zwischen den eigenen Hypothesen und den Expertenantworten an.

Lassen Sie das Interview erst einmal global hören, bevor beim zweiten Hören die Fragen beantwortet werden (*globales HV**).

Nutzen Sie diese Aufgabe zur Vertiefung einiger Wortverbindungen: *Grenzen austesten, Aufmerksamkeit erregen, ein Ziel erreichen.* Welche Wortverbindungen finden die KT?

4 Emotionale Sprechweise und Ironie verstehen

Sensibilisierung für Interjektionen, die eine emotionale Sprechweise bzw. ironische Sprechweise bezeichnen.

Ironie zu verstehen oder auszudrücken hängt von vielen Faktoren ab, wie etwa Persönlichkeit, Kontext, kulturellem bzw. gemeinsamem Wissen, etc. An dieser Stelle kann und soll lediglich eine Sensibilisierung für Ironie erfolgen.

Ironie: „Kritische Geisteshaltung, die sich in der fingierten Annahme eines der wirklichen Meinung des Autors entgegengesetzten oder wesentlich von dieser abweichenden Standpunktes äußert, was jedoch zu erkennen gegeben wird."[1]

---

[1] Aus: Digitales Wörterbuch der deutschen Sprache, Herausgeber: Berlin-Brandenburgische Akademie der Wissenschaften; www.dwds.de/?kompakt=1&qu=Ironie (15. 7. 2012)

Beispiel: Anton hat einen Stapel Geschirr fallen lassen. Berta reagiert darauf mit der Bemerkung: „Prima machst du das!“ Im Kontext der Situation sowie anhand der Intonation der Äußerung kann Anton erkennen, dass Berta keineswegs ein Lob äußert, sondern dass eine ironische Sprecherabsicht vorliegt.

Lassen Sie die KT alle Teilaufgaben in Partnerarbeit lösen, damit sie Bedeutungen aushandeln können.

Stärkere KT arbeiten alleine.

5 Echt extrem, unser Gedächtnis!

1 Wie unser Gehirn Informationen verarbeitet a) und b) c)

eine Lernstrategie ausprobieren und reflektieren

Diese Lernmethode zielt nicht darauf ab, dass Wörter nach objektiven und allgemeingültigen Kriterien, z. B. nach Wortfeldern oder Wortfamilien, geordnet werden. Vielmehr sollen die Lerner Wörter nach für sie logischen Kriterien bündeln, sodass sich ein zusammenhängender Sinn, eine Art Geschichte, ergibt.

Lassen Sie die KT weitere, ungeordnete Listen erstellen, die sie im Kurs untereinander austauschen, um sie dann nach individuellen Kriterien für das Lernen zu ordnen.

2 Neues von den Memo Masters

den Inhalt einer Zeitungsmeldung wiedergeben und dazu Stellung beziehen

Die drei Sprechblasen geben drei mögliche Positionen wieder. Die KT können sich einer Position zuordnen und ihre Meinung begründen.

Nutzen Sie den Text zur Wiederholung von Zahlen.

3 Interview mit der Gedächtnistrainerin Silvia Krumpholz

a) einen Dialog ordnen, b) Lernstrategie: Visualisieren

a) Geben Sie, nachdem im PL der erste Satz des Dialoges benannt wurde, ggf. Hinweise darauf, dass der erste Satz – der Textsorte *Interview* entsprechend – mit einer Frage und mit einer Anrede beginnt.
Überlegen Sie ggf. im PL nach der ersten Äußerung bzw. geben Sie den Hinweis, dass es sich dabei um eine Frage mit einer Anrede handeln muss. Der Dialog wird in EA geordnet; vor dem ersten Hören kann dieser in PA gelesen werden, sodass bereits eine erste Korrekturmöglichkeit besteht. Hören Sie dann die CD zur Kontrolle.

Zur Auswertung der HV gehen Sie auf die darin vorgestellten Lerntechniken ein: *Welche Lerntechniken werden beschrieben? Welche sind neu, welche schon bekannt? Mit welchen Lerntechniken haben die KT bereits Erfahrungen gesammelt, welche möchten sie gerne einmal ausprobieren?*

b) Idealerweise wählen die KT ein Wort bzw. eine Wortverbindung aus der aktuellen Einheit. Hängen Sie die Bilder im Kursraum aus.

2 Natur und Technik

In der Einheit setzen sich die KT mit den Themen „Bionik“ und „Rund ums Auto“ auseinander. Der Einstieg erfolgt über eine Einführung in den Begriff *Bionik*.
Am Beispiel bekannter Erfindungen wird dargestellt, wie die Natur als Vorbild für technische Errungenschaften diente und dient. Die KT beschäftigen sich mit der Textsorte „Fachtext“ und lernen, mit Hilfe von Redemitteln Begriffe zu definieren.
Auf Grundlage authentischer Textsorten (u. a. Magazinbeitrag, technische Beschreibung, Grafik, Persönlichkeitstest) werden den KT die Geschichte des Autos, das Arbeitsprinzip des Benzinmotors, der Autokauf und die Reparatur des Wagens nähergebracht. Die KT lernen dabei Funktionen des Passivs, Vorgangs- und Zustandspassiv sowie verschiedene Zeitformen kennen.
Als motivierender Ausstieg aus der Einheit wird eine Reihe von Experimenten angeboten, die die beschriebenen Prinzipien der Bionik veranschaulichen und die mit Hilfe alltäglicher Materialien durchgeführt werden können.

Textsorten

Fachtext ... *technische Probleme*, S. 18, *Lotuseffekt*, S. 26
Magazinbeitrag *Auto – Airbag – ABS*, S. 20 f.
Technische Beschreibung *Motor*, S. 22
Grafik *Viertaktmotor*, S. 22
Persönlichkeitstest *Welcher Autotyp sind Sie?*, S. 24
Interview *Gebrauchtwagenkauf*, S. 24

Wortfelder/Sprachhandlungen/Routinen

Begriffe definieren, S. 19
Zeitliche Abläufe beschreiben, S. 21
Wortfeld *(Viertakt-)Motor*, S. 22, *Beim Autokauf*, S. 24
Um Stellungnahme bitten, eine Diskussion führen, S. 25
Eine technische Beschreibung verstehen, S. 22
Eine Grafik interpretieren, S. 22

Grammatik

Präpositionen *dank* und *wegen*, S. 18
Funktion und Zeitformen des Passivs, S. 23
Vorgangs- und Zustandspassiv, S. 24 f.

Phonetik

Intonation und Satzakzent, S. 23

Kompetenzfelder

Passende Überschriften finden, S. 20 f.
Einen Kurzbericht schreiben, S. 21
Experimente durchführen und bewerten, S. 26

Testformat(e) – Prüfungsformate

Goethe-Zertifikat B2: Mündlicher Ausdruck 2, S. 25
telc Deutsch B2: Sprachbausteine 1, S. 116
telc Deutsch B2: Hörverstehen 3, S. 118

1 Vorbild Natur

1 Die Natur als Vorbild zur Lösung technischer Probleme

a) und b) [Partnerarbeit] oder [Gruppenarbeit] ➢ [Plenum]

a) Einstimmung auf das Thema durch Bilder, Vorwissen aktivieren, Interesse wecken
b) über technische Erfindungen ins Gespräch kommen

Erhöhen Sie die Redeanteile der KT durch Einteilung in KG.

2 Lernen von der Natur

a) [Einzelarbeit] ➢ [Partnerarbeit] ➢ [Plenum] b) [Partnerarbeit] c) [Partnerarbeit] ➢ [Plenum]

a) *selektives LV**, einem Text die wichtigsten Informationen entnehmen
b) *detailliertes LV**, über den Gebrauch der Redemittel im Text reflektieren
c) Begriffe definieren lernen

Machen Sie die KT darauf aufmerksam, dass nicht ganze Sätze, sondern Schlüsselwörter unterstrichen werden sollen.

(M) Kopieren Sie den Text auf eine Folie, um bei den Aufgaben a) und b) die Vorgehensweise zu veranschaulichen.

3 Textsorte Fachtext

vertiefte Auseinandersetzung mit der Textsorte *Fachtext*, Reflexion über ihre Merkmale.

Um die Motivation zur näheren Beschäftigung mit der Textsorte zu erhöhen, besprechen Sie im PL folgende Punkte: 1. *Welche weiteren Merkmale von Fachtexten kennen Sie?* 2. *In welchen Wissenschaftsbereichen ist diese Textsorte zu finden (z. B. Medizin, Informatik, usw.)?* 3. *Wo stößt man gewöhnlich auf Fachtexte (z. B. wissenschaftliche Zeitschriften, Internet-Blogs und Internet-Foren)?*

4 Recherche „Bionik" a) und b)

a) freies Sprechen trainieren, über Zusammenhänge zwischen Natur und Technik sprechen
b) Einstimmung, Austausch im Kurs, das Weltwissen der KT einbeziehen

a) Die KT versuchen in KG, die Antwort auf die Frage zu finden. Danach äußern 2–3 Personen aus verschiedenen Gruppen ihre Vermutungen im PL.

(P) b) Die KT recherchieren in 2er-Gruppen zu Hause weitere Bionik-Beispiele. In der folgenden Stunde hält jede Gruppe eine kurze Präsentation (max. 4 Min.). Dafür sollten die KT auch Bilder mitbringen. Geben Sie den KT Kriterien zur Orientierung an die Hand.

1. Beispiel nennen
2. Technische Umsetzung
3. Bedeutung für den Menschen
4. Probleme bei der Umsetzung

2 125 Jahre – das Auto macht Geschichte(n)

1 Das „Who's who" der deutschen Auto-Erfinder a) b)

a) *selektives LV**, Informationen zuordnen
b) über Neues sprechen, Verwunderung ausdrücken

a) Vor dem Lesen ist eine Vorentlastung nötig. Zur Aktivierung des Vorwissens werden Fragen im PL gestellt: 1. *Wodurch wurde der Name Carl Benz weltweit bekannt?* 2. *Ist Ihnen der Name Daimler geläufig? In welchem Zusammenhang?* 3. *Woher kennen Sie Opel?* 4. *Was könnte Rudolf Diesel erfunden haben?* Lassen Sie danach die KT die Texte lesen. Die Leserichtung hängt von dem jeweiligen Vorwissen ab.
Nach dem Lesen geben Sie den KT genügend Zeit, zu zweit über die möglichen Antworten zu diskutieren und Daten und Fakten zu vergleichen.

b) Schwächere KT schreiben die Sätze zuerst auf. Anschließend lesen sie die Sätze dem Partner vor.

2 Autos gestern, heute und morgen a) b) und c) d)

a) *selektives LV**, Informationen aus einem komplexen Text herausfiltern
b) *detailliertes LV**, passende Überschriften ausdenken
c) genauere Auseinandersetzung mit dem Text, eine Zeitleiste anfertigen lassen
d) sich gegenseitig fragen, W-Fragen formulieren und mit Hilfe der Zeitleiste beantworten

Der Lesetext kann den KT aufgrund des Fachwortschatzes und des komplexen Satzbaus Schwierigkeiten bereiten. Entlasten Sie den Text ggf. vor.
a) Lassen Sie die KT 3er-Gruppen bilden und teilen Sie den Text in drei Abschnitte. Jede Person liest nur ein Teil des Textes und findet Antworten auf die entsprechende(n) Frage(n). Anschließend informieren sich die KT der KG gegenseitig über ihre Lektüre.
b) Weisen Sie darauf hin, dass alle Überschriften eine ähnliche Form haben sollten, d. h. alle im Nominalstil oder alle als ganze Sätze formuliert sein sollten. Anschließend wird im Kurs verglichen.
c) Erinnern Sie daran, dass beim Erstellen einer Zeitleiste Umformungen und Abkürzungen nötig sind (Verbal- in Nominalstil, Auslassen einiger Satzglieder). Beispiele für diese Arbeitstechnik finden Sie in studio **B2/1**, S. 18 (Überschriften zum Text über Sissis Leben).
d) Die KT befragen sich gegenseitig in den KG.

b) Suchen Sie im Kurs die besten Überschriften. Die KT diskutieren, welche Überschrift am passendsten ist.

Achten Sie auf die Gruppenzusammensetzung. Die schwächeren KT in den starken KG sollen nicht überfordert werden und umgekehrt.

3 Die Entwicklung des Autos

a) b) ➢ d)

a) Textanalyse, den Gebrauch von Redemitteln zur Darstellung zeitlicher Abläufe reflektieren
b) schriftliche Zusammenfassung der besprochenen Inhalte in Form eines Kurzberichts

a) Lassen Sie die KT in 3er-Gruppen arbeiten. Jede Person sucht Redemittel in seinem Textabschnitt heraus.

b) Klären Sie mit den KT die Merkmale der Textsorte: Der *Kurzbericht* soll a) *nur die wichtigsten Informationen enthalten*, b) *keine Meinungen oder Wertungen enthalten*, c) *einen überwiegend parataktischen Satzbau mit knappen Sätzen aufweisen*, d) *im Präteritum formuliert sein.*
Es sollen mindestens zehn Sätze geschrieben werden. Die Korrektur erfolgt im Kurs. Dazu korrigieren sich die KT gegenseitig in drei Phasen:
1. Korrekturrunde: Textaufbau → *Wird die Dreiteilung des Textes (Einleitung, Hauptteil und Schluss) beachtet? Werden die W-Fragen beantwortet?*
2. Korrekturrunde: Satzbau/Ausdruck/Formulierungen → *Sind Satzbau und Schreibstil der Textsorte angemessen? Gibt es Lexik, die nicht zu der Textsorte passt, z. B. Jugendsprache?*
3. Korrekturrunde: Rechtschreibung/Grammatik
Die Partner geben einander Rückmeldung zu jedem der drei Aspekte. Es sollte zunächst Positives und erst danach Kritik geäußert werden. Siehe dazu auch: *Korrekturverfahren**.

Machen Sie für die Korrektur im Kurs im Vorfeld Kopien.

4 Fahren wir in 100 Jahren noch Auto?

➢

eine Diskussion führen, Annahmen äußern, argumentieren

Die KT diskutieren in KG. Anschließend teilt jede Gruppe ihre Pro- oder Contra-Argumente im PL mit. Die Ergebnisse können an der Tafel festgehalten werden.

Auf die Diskussion folgt eine Projektarbeit zu dem Thema: *Wie stellen Sie sich das Auto der Zukunft vor? Welche Eigenschaften sollte dieses Auto haben?* Zur Förderung des Gesprächs in KG nutzen Sie die KV. Anschließend präsentiert jede KG ihr Konzept für das Auto der Zukunft. Für die Erarbeitung und die Präsentation sollten Zeitvorgaben festgelegt werden.

KV 1: Das Auto der Zukunft

3 Wie funktioniert eigentlich …?

1 … ein Benzin-Motor? a) ➢ b) ➢ ➢ c) ➢

a) Einstimmung auf das Thema, Aktivierung des Vorwissens, Arbeit mit einem einsprachigen Wörterbuch
b) *detailliertes LV**, *Inferieren**
c) *selektives LV**, Bildzuordnung

a) Die Fachsprache kann Wortschatzprobleme verursachen, nutzen Sie zur Entlastung die KV.
b) Machen Sie eine Kopie der Abbildung 12 aus dem Kursbuch (S. 22) und hängen Sie sie an die Tafel. Die Aufgabe wird zunächst zu zweit bearbeitet. Im Anschluss ordnen alle KT an der Tafel gemeinsam die Teile des Viertaktmotors zu. So sollen alle KT motiviert werden, sich zu beteiligen.
c) Lassen Sie die Abbildung aus b) an der Tafel hängen, damit die KT beim Lesen des Textes ihr Verständnis der Fachwörter überprüfen können.

(M) a) KV 2: Benzinmotor und Dieselmotor
b) Kopie der Abbildung des Verbrennungsmotors aus b)

2 Vorgänge und Handlungen beschreiben a) ➢ ➢ b) ➢ c) ➢

a) zeitliche Formen des Passivs erkennen und zuordnen
b) induktive Regelfindung (*SOS-Prinzip**), die Regel sinngemäß korrigieren
c) Semantisierung, Beispiele für die grammatischen Strukturen in den behandelten Texten finden

a) Nach der Zuordnung erstellen Sie mit den KT an der Tafel eine Tabelle zur Bildung der Passivformen mit je einem Beispielsatz.

Passiv Präsens:	werden + Partizip II	Das Auto wird repariert.
Passiv Präteritum:	wurde(n) + Partizip II	Das Auto wurde repariert.
Passiv Perfekt:	sein + Partizip II + worden	Das Auto ist ….
Passiv mit Modalverb:	Modalverb + Partizip II + werden	…

Zur Auffrischung der Grammatik bilden die KT zu jeder Zeitform einen einfachen Satz mit der neuen Lexik, z. B. zu folgenden Fragen: *Was wird noch alles repariert? Welche (technische) Erfindung wurde weltbekannt? Was muss unbedingt noch erfunden werden?*

b) Die Arbeit erfolgt in PA. Anschließend wird im PL verglichen. Zur Veranschaulichung der Regel führen Sie Beispiele an.

> Das erste Benzinauto wurde von Daimler gebaut.
> Rudolf Diesel ist durch seine Erfindung weltweit bekannt geworden.

c) Die KT verteilen die Texte untereinander und analysieren die Passiv-Zeitformen der ihnen zugeteilten Abschnitte.

3 In der Autowerkstatt

flüssiges Sprechen üben, im Dialog die Anwendung der Passivformen *automatisieren**

Lassen Sie die KT sich in verschiedene Rollen hineinversetzen und den Dialog mehrmals wiederholen. Der Kunde kann mit der Stimme ausdrücken, dass er *schüchtern, selbstbewusst* oder *zornig* ist. Die Stimme des Mechanikers kann dagegen *freundlich, zweifelnd* oder *fachmännisch* klingen.

4 Intonation und Satzakzent

Bedeutungsänderung durch Verschiebung des Satzakzents erkennen

Diese Übung ist eine Wiederholung des Kontrastakzents. Der neutrale Satzakzent am Ende eines Satzes beschreibt eine allgemeine Aussage ohne besondere Hervorhebung. Durch die Betonung einzelner Wörter wird ein bestimmter Aspekt bzw. eine Aussageabsicht hervorgehoben (Kontrastakzent).

Sprechen Sie die Sätze vor bzw. hören Sie die Sätze gemeinsam an, verdeutlichen Sie dabei mit Gesten die Akzentuierung, z. B. mit Handbewegungen. Die KT sprechen die Dialoge zu zweit. Stärkere KT können eigene Sätze formulieren.

Variante mit dem Satz *Ja, das ist zu bezahlen*.

5 Passivformen ersetzen

Passivumformung kennenlernen

Weisen Sie die KT darauf hin, dass Passivformen mit dem Modalverb oft durch andere Strukturen ersetzt werden. Die KT erledigen die Aufgabe zuerst alleine, danach vergleichen sie mit dem Partner. Zum Abschluss lesen einige KT ihre Sätze im PL vor. Die anderen vergleichen mit ihren Varianten.

4 Faszination Auto

1 Statussymbol oder Transportmittel? a) b) c)

Einstimmung, eine anregende Arbeitsatmosphäre schaffen

a) Vor dem Test initiieren Sie ein Gespräch im PL: *Wer von Ihnen hat ein Auto? Was für ein Auto haben Sie? Warum haben Sie sich für dieses Auto entschieden?* Die KT, die keinen Wagen besitzen, können berichten, ob und welche Autowünsche sie haben: *Was für ein Auto wollen Sie haben? Warum ausgerechnet diese Automarke?* Die Fragen erwecken das Interesse der KT und lassen sie Hypothesen zu dem Test bilden.
b) Anschließend wird in EA der Test bearbeitet.
c) Die Partner fragen sich gegenseitig nach den Buchstaben, den sie angekreuzt haben. Lassen Sie die Partner ihre Ergebnisse gegenseitig vorlesen.

Kopieren Sie die Lösung aus dem Lösungsheft, S. 6. Teilen Sie die Kopien in einzelne Kärtchen zu jeweils a), b) oder c) und verteilen Sie diese in Gruppen. So können sich die KT mehr auf das Vorgelesene konzentrieren.

Bei der Auswertung der Ergebnisse erstellen Sie an der Tafel eine Kursstatistik: Wie viele KT gehören zu welchem Autotyp? Vergleichen Sie die Ergebnisse mit dem Ergebnis aus dem vorangegangen Gespräch im PL.

2 Augen auf beim Autokauf! a) b) c)

a) Hypothesen vor dem Hören bilden, Hörerwartungen aufbauen; Wiederholung und Anwendung der grammatischen Strukturen aus Übung 5, S. 23
b) Überprüfung der Hypothesen, Einführung des relevanten Wortschatzes
c) *selektives HV**, dem Hörtext relevante Informationen entnehmen

a) Zum Aufbau eines hypothesengeleitetes Hörens versetzen sich die KT in die Rolle des Autokäufers hinein. Sie planen ein Telefongespräch mit dem Autohändler und bereiten eine Liste mit zu klärenden Fragen vor. Die Listen werden in KG erstellt, die Notizen im PL verglichen.

b) Geben Sie den KT genug Zeit, die Aufgabe vor dem HV zu lesen. Klären Sie unbekannte Begriffe im Kurs. Falls einige KT nicht alle Fachwörter verstehen, lassen Sie andere KT diese Begriffe definieren. Auf diese Weise erfolgt ein Transfer der Strukturen aus Übung 2b, S. 19.
c) 1. Stellen Sie vor dem ersten Hören allgemeine Fragen zum Text: *Wo findet das Gespräch statt? Wer sind die Gesprächspartner? Worüber sprechen sie?* Die KT hören einen Teil des Interviews und beantworten die Fragen.
2. Teilen Sie das Interview in vier inhaltlich geschlossene Teile (1. Automodell, 2. Unterhaltungskosten, 3. Neuwagen oder Gebrauchtwagen? 4. Vor- und Nachteile von Gebrauchtwagen). Spielen Sie das Interview zuerst in Teilen vor. Die KT können Notizen machen. Besprechen Sie nach jedem Abschnitt, worum es geht.
3. Spielen Sie nun den ganzen Dialog vor. Die KT kreuzen an, welche Themen angesprochen werden (Übung 2b, S. 24).

3 Autos und Emotionen a) + b) c) d)

a) und b) Unterschiede zwischen Vorgang und Zustand wahrnehmen, Bilder zuordnen
c) Zustandspassiv anwenden und *automatisieren**
d) Semantisierung, Ergänzung der Regel

a) und b) Erleichtern Sie den KT die Aufgabe, indem Sie Synonyme angeben:
Zustand = Phase, Stadium, Situation; Vorgang = Prozess.
c) Die KT bilden dem Bild entsprechende Sätze.

4 Zeitungsartikel zum Thema „Des Deutschen liebstes Kind“ a) + b) + c)

a) die eigene Wahl begründen
b) und c) eine Diskussion führen, Gesprächsroutinen kennenlernen und *automatisieren**: um Stellungnahme bitten, widersprechen, einwilligen

a) und b) Erinnern Sie die KT daran, die entsprechenden Redemittel zu verwenden.

Geben Sie den schwächeren KT die Möglichkeit, Notizen zu machen. Erinnern Sie daran, dass nur Stichpunkte zu notieren und keine ganzen Sätze zu schreiben sind.

c) Jede KG erhält ein grünes und ein rotes Kärtchen. Damit zeigen die KT, ob sie mit der Fotoauswahl einer anderen Gruppe einverstanden sind. Wer nicht einverstanden ist, soll seine Meinung begründen. Am Ende stimmen die KT gemeinsam für ein passendes Bild.

5 Autos, Computer – oder Staubsauger?

interkultureller Austausch in heterogenen Gruppen, freies Sprechen üben, über die Technikbegeisterung im eigenen Land berichten

Bilden Sie wenn möglich homogene KG.

Die KT erstellen in KG ein Plakat mit technischen Geräten, die viel in ihrem Land benutzt werden. Dabei arbeiten sie nach dem *Word-Cloud-Prinzip*: Die wichtigsten Geräte werden in großer Schrift, die weniger wichtigen in kleinerer Schriftgröße geschrieben. Die Präsentation der Ergebnisse erfolgt mit Hilfe der Methode *Galerie**. Small-Talk-Themen kennzeichnen die KT rot (= sehr selten besprochen), gelb (= manchmal besprochen) oder grün (= sehr oft besprochen).

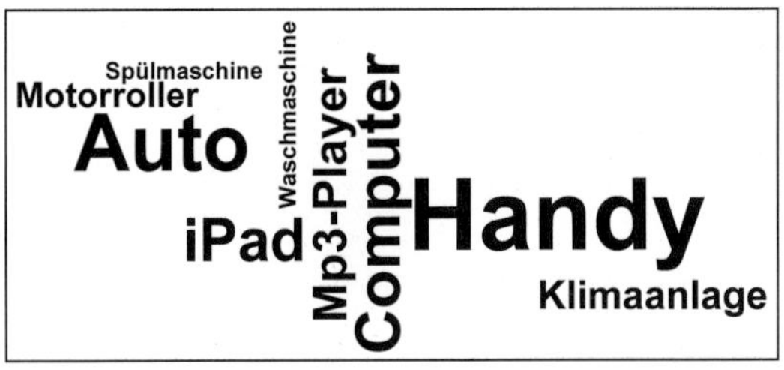

Buntstifte, große Plakate im DIN-A2-Format, Wandbefestigung

5 Experimente im Alltag

1 Einsickern oder abperlen? Den Lotuseffekt sehen a) und b) ➢ c) ➢ d) ➢

a) und b) ein Experiment im Kurs durchführen, den Lotuseffekt veranschaulichen, einen Vorgang beschreiben
c) *globales LV**, die Begriffe *hydrophob* und *hydrophil* definieren
d) ein Experiment durchführen und bewerten

a) + b) Die Arbeit erfolgt in KG. Die Pflanzennamen sollten im Vorfeld geklärt werden.
c) Lassen Sie die KT die Begriffe *hydrophil* und *hydrophob* zuerst in KG definieren. Die Aufgabe zielt auf die Wiederholung der Redemittel aus Übung 2, S. 18 f. Bitten Sie im Anschluss 2–3 Personen aus verschiedenen Gruppen, die Begriffe im PL zu erläutern.
d) Lassen Sie die KT ggf. vorab Blätter sammeln und mitbringen.

Ⓜ Pflanzenblätter, Kunststofffolie, Sprühflasche, Kreide

2 Roh oder gekocht? ➢

Vermutungen äußern, Austausch im Kurs, ein Experiment durchführen, *Inferieren**

Damit niemand die Lösung vorher liest, schließen die KT die Bücher. Jede KG bekommt zwei Eier und soll feststellen, worin der Unterschied zwischen einem gekochten und einem rohen Ei besteht. Die Zeit für das Experiment beträgt max. 15 Minuten. Die Lehrerin/der Lehrer hilft den KG, ihre Hypothesen auf Deutsch auszudrücken. Anschließend berichtet jede KG im PL, was sie herausgefunden hat und wie sie zu ihrem Ergebnis gekommen ist.

Das Experiment steigert die Neugier der KT. Daher soll nach der Besprechung der Lösungstext im Lehrbuch angeboten werden. Unbekannte Wörter im Text (z. B. *die Achse, schwappen*) erschließen die KT aus dem Kontext. Auch die Durchführung des Experiments, wie in der Lösung beschrieben, hilft, Verständnislücken zu schließen.

Ⓜ Eier

3 Wer baut den höchsten Turm? a) b)

a) eine anregende Arbeitsatmosphäre schaffen, gemeinsame Arbeit am Projekt fördern
b) Auswertung der Ergebnisse

a) Veranstalten Sie einen Wettbewerb zwischen zwei Mannschaften: Diejenige Mannschaft gewinnt, deren Turm das Lineal tragen kann. Legen Sie die Zeit fest (max. 15 Min.). Weisen Sie darauf hin, dass zuerst die Baustrategie und danach die Arbeitsverteilung in den Mannschaften besprochen werden muss.
b) Nach dem Wettbewerb tauschen sich die Mannschaften im PL darüber aus, wie sie vorgegangen sind: Was für eine Baustrategie haben sie entwickelt? Wie haben sie die Arbeit verteilt? War das Prinzip der Arbeitsverteilung effizient?

Bei heterogenen Gruppen nutzen Sie die Möglichkeit, Lerner mit unterschiedlicher Muttersprache in den KG zu mischen, damit die Aufgabe in der Zielsprache bewältigt wird. In sprachlich homogenen Gruppen erinnern Sie die KT an die Notwenigkeit, Deutsch zu sprechen.

Ⓜ Klebestifte, Lineale, Scheren, Bleistifte

Leben – Leute – Lifestyle 3

In der Einheit 3 beschäftigen sich die KT mit Themen aus Männer- und Frauenmagazinen wie Mode, Trends, Berufe, Erziehung. Es geht weniger um das Herausarbeiten von Stereotypen als vielmehr um Textsorten, Meinungen, Kommentare, Stellungnahme und Bewertungen zu diesen Bereichen. Der Einstieg erfolgt über eine Magazinseite mit verschiedenen kurzen Artikeln zum Thema „Mode“. In der folgenden Sequenz wird das Thema über verschiedene Zugänge entfaltet: über einen differenzierten Wortschatz zu Kleidung, Redemittel zur Meinungsäußerung und Bewertung sowie über die Themen „Modetrends“ und „Männer und Mode“. Es folgt eine weitere Magazinseite mit einem Porträt, einem Interview und einer Reportage. Die anschließende Sequenz fokussiert das Thema „Frauen – Männer – Berufe“, u. a. mit einem Experteninterview. Erklärt werden *es* im Satz sowie die Negation durch Präfix/Suffix, an die die Aussprache angegliedert ist. Einen großen Teil nimmt die schriftliche Stellungnahme ein. Die Einheit schließt mit einem „Wohnungstest“ und einem Projekt, selbst einen solchen Test zu entwerfen.

Textsorten

Magazinartikel *Jetzt wird's bunt*, S. 28 f., *Männermode: Siegt Funktionalität über Stil?*, S. 31, *Jungen ohne Vorbild*, S. 33
Interview und Porträt *Frauen in Männerdomänen*, S. 32
Experteninterview *Wolfgang Bergmann*, S. 34
Lifestyle-Test *Wohnungstest*, S. 36

Wortfelder/Sprachhandlungen/Routinen

Über typische Magazinthemen sprechen: *Mode, Männer/Frauen, Erziehung, Berufswahl*, S. 28 ff.
Etwas bewerten, jmdm. etw. empfehlen, S. 30
Meinung zu Trends ausdrücken, S. 30

Grammatik

es im Satz, S. 34
Negation durch Präfix/Suffix, S. 35

Phonetik

Wortakzent bei Negation, S. 35

Kompetenzfelder

Textsorten und Zielgruppen von Texten erkennen, S. 28 f.
Zusammenhänge herstellen, S. 30 f.
Vermuten, Hypothesen formulieren und begründen, S. 31
Texte überfliegen, markieren, rekonstruieren, Wörter aus dem Kontext erklären, S. 30, S. 34
Meinungen begründen, kommentieren, S. 30 f., S. 34
Schriftlich Stellung nehmen, S. 35

Testformat(e) – Prüfungsformate

Goethe-Zertifikat B2: Schriftlicher Ausdruck 1, S. 126
telc Deutsch B2: Sprachbausteine 1, S. 127
telc Deutsch B2: Hörverstehen 2, S. 128
telc Deutsch B2: Sprachbausteine 2, S. 131

Erste Doppelseite

oder ➢

Sensibilisierung für die Besonderheiten von Frauen-/Männermagazinen

Die erste Doppelseite enthält keine Arbeitshinweise, sondern ist im Magazinstil zu dem Thema „Mode und Trends“ gehalten: die linke Seite als Frauenmagazin, die rechte als Männermagazin. (Mit „Männermagazinen“ sind hier die sich in den letzten Jahren zunehmender Beliebtheit erfreuenden Sport-, Lifestylemagazine usw. gemeint. Spezielle Hobbys oder Vorlieben, wie Autos oder Computer werden und sollen nicht thematisiert werden.)

Dabei wird neben der Wortschatzerweiterung der Fokus auf zwei weitere Fragen gerichtet: Mode und Umwelt und modische Trends bei Männern. Lassen Sie die KT die Doppelseite zuerst ungesteuert lesen (Zeit: max. 10 Min.) und fragen Sie anschließend die KT, welche der beiden Seiten sie am intensivsten gelesen haben und warum. Nutzen Sie die kurzen Texte für eine Wortschatzarbeit zur Vorentlastung der folgenden Aufgaben: *Welche Kleidungsstücke gibt es für Männer, welche für Frauen?* Erklären Sie „Jeggins“. *Welche Farben werden genannt bzw. sind abgebildet?*

1 Mode in Magazinen

1 Ein Magazin

im Kontext des Layouts Vermutungen zu Textsorten anstellen und begründen

Die KT sollen die Texte an dieser Stelle nicht lesen, sondern vor allem einen Blick auf die gesamte Doppelseite werfen: Durch das Layout wird wie in Einheit 1 deutlich, dass es sich um ein Magazin oder eine Zeitschrift handelt. Die Überschriften geben Hinweise zu den Inhalten. Das Einordnen der Texte in einen Kontext mit der Frage *Wo finden Sie solche Texte im Alltag?* ist eine Strategie, Hypothesen über die zu erwartende Textsorte zu bilden. In Erweiterung zur Einheit 1 geht es hier darum zu erkennen, dass die linke Seite farbiger und abwechslungsreicher in der Gestaltung ist als die rechte, die in Schwarz-Grau gehalten ist und eine recht strenge Aufteilung hat: Dies entspricht der typischen Gestaltung in Frauen- und Männermagazinen.

2 Mode

a) b) c)

Eindrücke begründen, den Wortschatz erweitern, die eigene Meinung formulieren, Tipps geben

a) Lenken Sie die Aufmerksamkeit der KT auf die Fotos im Kursbuch.
b) Sammeln Sie die Ergebnisse an der Tafel.

Trend	Kleidungsstück	Schmuck	Farbe	Stoffe
Festival-Look	Cocktailkleid	Haarband	oliv	Tweed

c) Die KT können ihre Tipps vorab schriftlich und erst dann im Partnergespräch mündlich formulieren.

Die Aussprache der zumeist aus dem Englisch kommenden Wörter zum Thema „Mode“ wird im Übungsteil, S. 125, Übung 3 trainiert.

3 Modemuffel oder Modefan?

a) b)

Aussagen zuordnen, die eigene Meinung begründen

Erklären Sie das Wort *Modemuffel* über die Grafik – da *Modefan* am einen und *Modemuffel* am anderen Ende steht, wird ersichtlich, dass es sich um zwei Extreme handelt.
a) Lassen Sie die KT in PA arbeiten, vergleichen Sie dann gemeinsam im PL.
b) Die KT sammeln in PA oder EA und sprechen dann in KG über ihre Meinungen. Regen Sie diejenigen KT, die sich mit dem Thema „Mode“ schwertun, an, zuerst zu überlegen: *Wann und bei welchen Gelegenheiten spielt das Thema „Mode“ eine wichtige Rolle: bei feierlichen Anlässen, im Urlaub, bei der Arbeit?* So ergeben sich möglicherweise mehr Assoziationen zum Thema.

Stärkere KT arbeiten allein.

4 Klimatisten

a) b) / c)

a) Strategietraining: Vermutungen formulieren
b) Strategietraining: unbekannte Wörter aus dem Kontext erschließen
c) *LV**, vermuten und begründen, recherchieren und präsentieren

a) und b) Entlasten Sie die Aufgabe ggf. mit einem Brainstorming zum Thema „Umwelt und Umweltschutz“ vor. So aktivieren Sie das Vorwissen und die KT sind für den Inhalt des Textes sensibilisiert. Das Erklären der Begriffe in b) kann mündlich oder schriftlich erfolgen.

Schwächere KT wählen nur zwei Wörter aus, stärkere KT erklären alle Begriffe.
c) Die Leitfragen können auch über Vermutungen aus dem Text heraus bearbeitet werden und bedürfen nicht notwendigerweise der Internetrecherche.

5 Hannes fragt …

*LV**, Wortschatz aus dem Kontext erklären, die eigene Meinung formulieren

a) und b) fordern *selektives LV**, der Wortschatz soll aus dem Kontext erklärt werden.
c) Lenken Sie die Aufmerksamkeit der KT auf den Text und das Foto, um emotionale Diskussionen zu vermeiden. Sie können das Gespräch zwischen Hannes und Max nachspielen lassen.

Lassen Sie die KT eigene Fragen an Hannes formulieren und in PA im Kurs beantworten.

6 Männer und Mode a) und b) c) und d) b) /

*LV**; Vermutungen äußern, Aussagen kommentieren und diskutieren, *Ich-Bezug** herstellen

a) Bei Schwierigkeiten lassen Sie die Frage in einen Aussagesatz umformulieren und zunächst als These lesen: *Funktionalität siegt über Stil.* Die KT sollen einige Vermutungen sammeln und schriftlich festhalten.
b) Die KT sollen zuerst versuchen, durch *kursorisches Lesen** ihre Vermutungen zu bestätigen. Anschließend können Sie den Text durch eine Wortschatzklärung entlasten.
c) Leiten Sie die Diskussion an: Aussagen aus dem Text sammeln, zu diesen Pro- und Contra-Argumente finden, die eigene Meinung formulieren.

Lassen Sie die Aufgabe schriftlich bearbeiten.

Machen Sie eine Umfrage im Kurs: Bestätigen sich die Aussagen Imbodens?
d) Die Grafik bietet landeskundlichen Input. Lassen Sie die KT recherchieren, welche der eingezeichneten Marken nicht deutsch sind.

Je nach Gruppe können Sie entscheiden, ob Sie die Diskussion ausweiten möchten auf das Themenfeld „Marken und Markenbewusstsein“: *Wie wichtig sind Modemarken?*
e) Vergleichen Sie die Wege im Kurs. Bei dieser Aufgabe geht es vor allem darum, eigene Gewohnheiten zu reflektieren und zu verbalisieren.

Lassen Sie die KT Grundrisse anderer Einkaufszentren (in D-A-CH oder am Kursort) recherchieren und mitbringen (häufig im Internet zu finden), sodass weitere Wege eingezeichnet und diskutiert werden können.

Grundrisse von Einkaufszentren

Dritte Doppelseite

*LV**, Lesestrategien anwenden

Wie auf der ersten Doppelseite können Sie hier den Zugang über das Layout schaffen: *In welchen Magazinen kann man Artikel wie „Frauen in Männerdomänen“ und „Jungen ohne Vorbild“ finden? Wer ist die Zielgruppe?* Bevor Sie die KT lesen lassen, tragen Sie im PL unterschiedliche, bis dahin bekannte Lesestrategien zusammen und regen die KT an, neue Strategien auszuprobieren. Die Texte eignen sich für eine Wortschatzarbeit: Lassen Sie unbekannte Wörter markieren und aus dem Kontext erklären.
Entscheidend ist, dass die KT einen eigenen Zugang zu den Artikeln finden. Steuern Sie hier nicht zu sehr im Vorfeld. Fragen Sie im Anschluss, welchen Artikel die KT zuerst gelesen haben, und lassen Sie die Wahl begründen: Waren es die Fotos? Hat das Layout die Wahl beeinflusst?

2 Frauen – Männer – Berufe

1 Frauen in „Männerdomänen“ /

Strategietraining: *kursorisches LV**, einen Text überfliegen und aus dem Kontext erklären

a) Achten Sie auf die Zeit. Beziehen Sie ggf. die Übungen 10 und 11 auf S. 128 ein.
b) Regen Sie die KT an, Schritt für Schritt vorzugehen, nämlich zuerst Schlüsselwörter zu den Berufen *Köchin* und *Boxerin* zu markieren, dann die Antworten zu lesen und anschließend nach Faszination bzw. Schwierigkeit zu sortieren. Hier können Sie eine PL-Phase zum Vergleich der Antworten einfügen. Erst jetzt erarbeiten die KT ihre eigene Meinung und begründen sie.

Ziehen Sie Beispiele aus den eigenen Ländern heran: Gibt es hier auch Berufe, die eher von Männern als von Frauen ausübt werden?

2 Jungen ohne Vorbild oder

Lesestrategien anwenden: Texte mit Hilfe von Layout und Überschriften zuordnen, *selektives LV**

a) Lassen Sie die KT vor der Aufgabe Schlüsselwörter im Text markieren. Beziehen Sie ggf. die Übung 13 auf S. 129 und Übung 14 auf S. 130 ein.
b) Leiten Sie die Diskussion an: Aussagen aus dem Text sammeln, zu diesen Pro-/Contra-Argumente finden, die eigene Meinung formulieren.

Überlegen Sie sich vorab das Format der Diskussion: Hier bietet sich ein *Expertengespräch* auf dem Podium an. Das Publikum, die anderen KT, kann Fragen an die Experten stellen, die diese dann auf dem Podium diskutieren.

Um die Redeanteile der KT zu erhöhen, arbeiten Sie im Schneeballverfahren: erst zu zweit, dann zu viert, zuletzt im PL. Achten Sie darauf, dass die KT aufeinander Bezug nehmen.

3 Ein Interview mit dem Psychologen Wolfgang Bergmann a) und b) c) ➢

*detailliertes HV**, Notizen machen, sich eine Meinung bilden und diese begründen

a) Hören Sie das Interview zuerst *global**.
b) Die Notizen dienen als Vorbereitung zu c). Beziehen Sie ggf. die Übung 15 auf S. 130 ein.

Schwächere KT konzentrieren sich auf zwei der Punkte.
c) Sammeln Sie die notierten Aussagen. Lassen Sie die KT die Argumentationsstruktur reflektieren: *Wie begründet Bergmann seine Haltung? Welche Argumente nutzt er und welche Lösung schlägt er vor?* Erst anschließend wird die eigene Meinung dargestellt.

Die Aufgabe kann auch schriftlich bearbeitet werden.

4 Es ist eine Herausforderung … ➢

Kognitivierung und Verwendungsmöglichkeiten von *es*, Strategietraining: Markieren, Ordnen, Vergleichen (*SOS-Prinzip**)

a) Die KT sollen zuerst alle *es* markieren und anschließend in die Tabelle ordnen. Analysieren Sie im PL die Beispielsätze in der Tabelle. Durch Umstellen der Satzglieder lassen sich die Funktionen leichter erkennen. Beziehen Sie ggf. Übung 16 von S. 131 ein. a) ist eine vorbereitende Übung zur induktiven Regelfindung, die in b) und c) folgt.

5 Keiner der Kritiker … Negation durch Präfix/Suffix a) und b) ➢ c) d)

Präfixe/Suffixe der Negation erkennen, verstehen und aussprechen

a) und b) Hier kann ergänzend mit dem Wörterbuch gearbeitet werden. Wichtig ist der Hinweis, dass von eigener Wortbildung abgesehen werden sollte.
c) und d) Hören Sie die Wörter und lassen Sie diese zuerst leise mitsprechen, anschließend laut im Chor nachsprechen. Verdeutlichen Sie den Wortakzent mit Gesten.

Wörterbücher

6 Boxerin und Kindergärtner? – schriftliche Stellung nehmen

schriftlich Stellung nehmen

Sehen Sie sich mit den KT die Tipps an und verdeutlichen Sie diese mit Beispielen aus der Einheit. Ziehen Sie die KV hinzu und ergänzen Sie mit entsprechenden Redemitteln aus dem Textbausteinkasten. Erst dann bearbeiten die KT die eigentliche Aufgabe: „Sind Männer und Frauen für jeden Beruf geeignet?" Legen Sie eine nicht zu hohe Wortzahl fest, die bei entsprechenden Aufgaben in den Folgeeinheiten gesteigert werden sollte.

Die *Mindmap** können Sie für schwächere KT im PL an der Tafel erstellen. Das stellt sicher, dass allen KT ausreichend Argumente zur Verfügung stehen.

KV 1: Boxerin und Kindergärtner? – schriftlich Stellung nehmen

7 Und Sie?

zusammenfassende Recherche mit *Ich-Bezug**

Die KT tauschen sich in PA aus und berücksichtigen dabei die Themen der Einheit.

Lassen Sie die KT entsprechende Magazine mitbringen.

Magazine

3 Wie Männer wohnen

1 Wer wohnt wo?

vermuten, beschreiben, Eindrücke formulieren, Wortschatzwiederholung und -erweiterung

Nutzen Sie die Fotos zur Wortschatzwiederholung und -erweiterung. Nutzen Sie Wörterbücher, insbesondere, um die passenden Adjektive zu finden.

Bringen Sie weitere Fotos von Wohnungen mit.

Wörterbücher, Fotos

2 Der Wohnungstest

Textsorte *Test* wiederholen und üben, Meinungen formulieren

Dieser Test funktioniert aus beiden Perspektiven: für Frauen (*für SIE*) und Männer (*für IHN*).
b) Um die Redeanteile der KT zu erhöhen, arbeiten Sie im Schneeballverfahren: erst zu zweit, dann zu viert, zuletzt im PL. Achten Sie darauf, dass die KT aufeinander Bezug nehmen.

Kopieren Sie die Testauswertung im Lösungsheft (S. 8) und nutzen Sie diese zur Text- und Wortschatzarbeit im Kurs.

Kopie des Testergebnisses (Lösungsheft, S. 8)

3 Projekt

Transferübung des Textformates *Test*, kreatives Arbeiten, schreiben

Analysieren Sie zuerst gemeinsam die Struktur solcher Tests: *Wie funktionieren die Tests? Wer ist die Zielgruppe?* Anschließend können sich die KT untereinander austauschen und Ideen sammeln, z. B. indem jede und jeder die Wohnung eines Freundes (nicht die eigene Wohnung!) beschreibt. Anschließend wird in PA ein Test inkl. Auswertung ausgearbeitet. Tauschen Sie die Tests im Kurs untereinander aus: Welches war der lustigste, interessanteste, kreativste?

4 Standorte – Standpunkte

In dieser Einheit setzen sich die KT mit der Welt der Messen auseinander. Mit Quizfragen rund um Messen, Produkte und Exporterfolge wird in die Einheit eingeführt. Besonderer Wert wird auf Messeerfahrungen der KT gelegt; über Lesetexte und Hörübungen werden diese zum aktiven Austausch angeregt. Praxisorientierte Aufgaben wie das Rollenspiel zur Produktbeschreibung bzw. die Internetrecherche mit dem weiterführenden Projekt zur Planung eines Messerundgangs ermöglichen es den KT, erworbene Sprachkenntnisse mit Planungs- und Medienkompetenz zu verknüpfen. Anhand von Texten über die Vorteile eines Messebesuchs und die Vorbereitung desselben wird zum einen die Funktion der Gesprächsroutinen zur Meinungsäußerung deutlich, zum anderen werden die Präpositionaladverbien in Relativsätzen sowie die Konnektoren *daher, folglich, dennoch, hiermit* eingeführt.
Die Einheit schließt mit einer Diskussion über die Verwendung deutscher Slogans und Produktnamen im Ausland.

Textsorten

Quiz *Messen – Produkte – Erfolge*, S. 38
Zeitungsartikel *Hier trifft sich die Welt*, S. 40
Interview *Gerd Weidenmann*, S. 41
Ratgebertext ... *– einen effizienten Messebesuch planen*, S. 42
Produktpräsentation *Joachim Wenger*, S. 44
Produktbeschreibung *Schlafsackmodelle*, S. 44
Lexikoneintrag *Marke*, S. 46
Kommentar *Kräuter von der Grünen Fee*, S. 46

Wortfelder/Sprachhandlungen/Routinen

Über Neues sprechen, Verwunderung ausdrücken, S. 39
Ein Gespräch am Messestand führen, S. 45
Über eigene Erfahrungen sprechen, S. 40
Produkte beschreiben und präsentieren, S. 44
Gesprächsroutinen sprechen, S. 41

Grammatik

Präpositionaladverbien und Relativpronomen *was* in Relativsätzen, S. 43
Verbindungsadverbien, S. 43
Adjektive in Produktbeschreibungen, S. 44 f.
Pronominale Ersetzung, S. 45

Phonetik

Hauptakzent in Gesprächsroutinen, S. 41
Aussprache *f* und *pf*, S. 45

Kompetenzfelder

Begriffe selbst definieren, S. 39
Einen Messebesuch planen, S. 42

Testformat(e) – Prüfungsformate

telc Deutsch B2: Hörverstehen 2, S. 136
Goethe-Zertifikat B2: Hörverstehen 1, S. 139
telc Deutsch B2: Sprachbausteine 1, S. 140
Goethe-Zertifikat B2: Leseverstehen 2, S. 142
telc Deutsch B2: Leseverstehen 2, S. 142

1 Messen – Produkte – Erfolge

1 Ein Wirtschaftsquiz a) Zeit: 5–10 Min. b) Zeit: 15–20 Min.

Einstimmung auf das Thema, Vorwissen aktivieren, Interesse wecken
a) Informationen zusammenfassen, Quizfragen beantworten, Vermutungen anhand von Bildern äußern
b) *selektives LV**, Hypothesen überprüfen

a) Verteilen Sie vor dem Quiz Plakate an die KT der KG. Die KT notieren ihre Assoziationen zum Wortfeld *Messe* und gestalten eine *Galerie**. Die Informationen werden im PL zusammengetragen. Dies ermöglicht auch den schwächeren KT einen Einblick in messespezifischen Wortschatz.

2 Messen und Produkte oder wirtschaftliche Erfolge? a) ➢ b) ➢ Zeit: 10 Min.

Rückbezug zu 1.1
a) *detailliertes LV**
b) Redemittel im Gespräch benutzen

b) Erhöhen Sie den Redeanteil der KT durch Arbeit in KG.

3 Definitionen Zeit: 10 Min.

wirtschaftliche Begriffe definieren

Bieten Sie den KT Hilfestellungen an: 1. Sammeln Sie an der Tafel Schlüsselwörter, die als Grundlage für die Definitionen dienen können (z. B. *gewinnbringende Unternehmenspolitik, regelmäßig stattfinden, Warenumsatz*). 2. Kopieren Sie den Redemittelkasten mit dem Wortschatz *Begriffe definieren* aus Einheit 6, S. 67, und geben Sie ihn unterstützend in die Gruppe.

4 Quizfragen selber machen (P)

eine Internetrecherche durchführen, Quizfragen selbst formulieren

Erstellen Sie ein Quiz in Gruppenarbeit. Anhand der vorgegebenen Informationen in der KV (online) formulieren zwei Gruppen die Quizfragen und tauschen sie im Anschluss aus. Die Gruppe mit den meisten richtigen Lösungen gewinnt.

(M) KV online: Quiz

2 Messebesuche

1 Treffpunkt Messe ➢ / oder ➢ Zeit: 15 Min.

*selektives LV**; Strategientrainig: Informationen sammeln anhand des Wortumfeldes; über Messenamen, Standorte, Produkte sprechen

Arbeiten Sie schrittweise am Text. Weisen Sie auf die kursiv markierten Wörter hin: *Welche Messenamen sind Ihnen bekannt? Welche Produkte werden dort ausgestellt? Äußern Sie Ihre Vermutungen zu den dort ausgestellten Produkten.* Während des Lesens lenken Sie die Aufmerksamkeit der KT auf die Umgebung der markierten Wörter. So lösen die KT die Aufgabe schneller.

Die Daten über Messenamen, Standorte, Zeiten und Produkte können von der/dem KL bzw. den KT an der Tafel veranschaulicht werden.

Messename	Standort	Zeit	Produkte/Industriezweig
die Hannover Messe	Hannover	jährlich	alle Technologienbranchen (Maschinenbau usw.)
die Internationale Automobil-Ausstellung	Frankfurt/Main	alle zwei Jahre	Automobilindustrie

2 Messeerfahrungen Zeit: 7–10 Min.

a) Erfahrungsaustausch, Redemittel anwenden
b) interkultureller Austausch

a) Wenn keinerlei Messeerfahrungen vorhanden sind, lassen Sie die KT durch allgemeine Fragen ins Gespräch kommen (auch im Rückbezug zu Aufgabe 2.1): 1. *Von welchen Messen haben Sie gehört?* 2. *Welche Messen interessieren Sie persönlich?* 3. *Welche Messen würden Sie gern besuchen?* Halten Sie die Antworten an der Tafel fest. Am Beispiel der Messen trainieren Sie mit den KT die Bildung von Komposita (z. B. *Automobilmesse, Immobilienmesse, Filmkunstmesse*) mit anschließender Kontrolle im PL.

b) Internetrecherche über eine Messe im Heimatland und Bericht in der Folgestunde

3 Warum eine Messe besuchen? a) > Zeit: 15 Min. b) >

a) *selektives HV**, Notizen machen
b) *detailliertes HV**

b) Nach dem Hören lassen Sie die KT noch einmal alle Argumente lesen und festhalten, welche Argumente für einen Messebesuch für sie entscheidend sind.

4 Gesprächsroutinen a) > b) Zeit: 10 Min.

a) Gesprächsroutinen wiederholen und vertiefen
b) über die Funktionen von Gesprächsroutinen nachdenken

b) Erinnern Sie die KT an die Semantik einiger Strukturen (studio **B2/1**, S. 66, Übung 4 und Übersicht zur Semantik in der Unterrichtsvorbereitung studio **B2/1**, S. 59, Übung 5).

5 Gesprächsroutinen schnell sprechen a) > b) c) / Zeit: 7–10 Min.

Wortgruppen (hier Gesprächsroutinen) zusammenhängend sprechen
a) Hauptakzent bestimmen, b) Aussprachetraining, c) *Automatisierung** durch Wdh.

Weisen Sie Ihre KT darauf hin, die Wörter nicht einzeln zu sprechen, sondern sie als ein Wort zu begreifen: Die Lautschrift in der Sprechblase – > ich sehe es so < –, die Sie zuordnen lassen können, verdeutlicht dies. Typisch sind Verschleifungen, Reduktionen und der Verlust des festen Stimmeinsatzes. Lassen Sie den Satzakzent bestimmen: Dies hilft, die Routinen als Ganzes „wie ein Wort" zu sprechen.

b) Üben Sie die Gesprächsroutinen auch frontal, indem Sie die KT nachsprechen lassen. Wechseln Sie die Routinen in beliebiger Reihenfolge.

c) Sie können aus dem schnellen Sprechen einen kleinen Wettbewerb machen: Wer schafft in der kürzesten Zeit die meisten Routinen hintereinander? Lassen Sie die KT „Gespräche" führen, indem sie bei den Routinen auch die Satzintonation (vereinfacht: steigend = Frage, fallend = Aussage) einbeziehen.

c) Stärkere KT können die Routinen in zu dem Thema passende Sätze einbetten, z. B.: *Ich sag's mal so: Es lohnt sich, Messen zu besuchen.*

Gesprächsroutinen dienen auch dazu, Sprechpausen zu überbrücken und die Flüssigkeit zu erhöhen. Zu viele Gesprächsroutinen können dabei floskelhaft wirken.

Einheit 6, Übung 11b, S. 160

3 Einen Messebesuch planen

1 Nach der Messe ist vor der Messe a) > Zeit: 30 Min. b) > /
c) > > d)

a) Vorwissen aktivieren, Meinungsaustausch
b) Vermutungen äußern
c) *detailliertes* (hypothesengeleitetes) *LV**, Hypothesen überprüfen
d) über Aussagen diskutieren, die eigene Meinung begründen

b) Fordern Sie die KT auf, zunächst alleine zu arbeiten und im Anschluss in PA bzw. KG die ausgefüllten Tabellen zu vergleichen.

c) Die KT korrigieren ggf. die falschen Zuordnungen in b) und erläutern auf Grundlage des Zeitstrahls in b) die Planung eines Messebesuchs.

KV 1: Messen

2 Präpositionaladverbien

a) ➢ b) + c) ➢ Zeit: 8–10 Min.

a) und b) Wdh.: Präpositionaladverbien
b) den Unterschied zwischen Pronominaladverbien bei Gegenständen/Sachverhalten und Präposition + (Frage-)Pronomen bei Lebewesen bewusst machen
c) die Regel ergänzen, Vorarbeit für 3.3

c) Sammeln Sie weitere Verben mit Präpositionalrektion an der Tafel. Lassen Sie die KT kleine Dialoge mit den Verben nach dem Muster in a) und b) bilden und dann in PA üben. Dabei sollen die grammatischen Phänomene sowohl in Bezug auf Gegenstände/Sachverhalte als auch auf Lebewesen und Institutionen angewendet werden. Damit sich keine Fehler einschleifen, überprüfen Sie vorher die Dialoge auf Korrektheit. Lassen Sie einige Minidialoge im PL vortragen.

Schwächere KT halten die Minidialoge erst schriftlich fest.

Eine weitere Übungsmöglichkeit bietet das Spiel in Station 1, S. 53: „Wovon ich schon immer geträumt habe…“.

3 Präpositionaladverbien und Relativpronomen *was* in Relativsätzen

a) Zeit: 10 Min. b)

a) Präpositionaladverbien in den Relativsätzen kennenlernen
b) Relativsätze im Text erkennen
c) Präpositionaladverbien in Relativsätzen anwenden üben, die Regel ergänzen

a) In schwächeren Gruppen thematisieren Sie ggf. die Satzgliedstellung in Nebensätzen.

b) Visualisieren Sie die Bildung des Relativsatzes mit Pronominaladverb anhand eines nachvollziehbaren Beispiels an der Tafel.

[Hauptsatz] + [(was / wo(r) + Pronomen) Nebensatz]
Hast du alles erledigt, *was* du vor der Messe geplant hast?
Mir gefällt nichts, *was* auf der Messe präsentiert wird.
Überlegen Sie sich im Voraus, *wonach* Sie den Aussteller fragen möchten.

c) Damit keine Fehler automatisiert werden, wird die Zuordnung im PL ausgewertet.

4 Die Verbindungsadverbien *daher, folglich, dennoch, dagegen, damit, darauf, dazu, hiermit*

a) ➢ Zeit: 5 Min.
b) ➢

a) über Verbindungsadverbien nachdenken
b) die Funktion von Verbindungsadverbien verstehen

a) Die KT suchen Beispiele im Text und achten auf die Stellung der Verbindungsadverbien im Satz (Stellung am Satzanfang). Beziehen Sie ggf. die Übung 17 im Übungsteil (S. 140) ein.

5 Projekt

eine Internetrecherche durchführen, Organisationskompetenz und Teamfähigkeit fördern

Die KT finden sich in Gruppen von 4–6 zusammen. Geben Sie den KT Hilfestellungen bei der Projektplanung, halten Sie folgende Schritte fest:

	Projekt: Einen Messebesuch planen		
1	Gruppen bilden, Planungstreffen nach dem Unterricht vereinbaren, eine Messe auswählen, einen Messeschwerpunkt bestimmen	3	Ein Messegespräch planen: Rollen verteilen (Aussteller - Besucher) Fragen und Antworten schriftlich formulieren Dialog auswendig lernen
2	Internetrecherche durchführen (Tipps S. 41): a) den Messekatalog herunterladen, Messeveranstaltungen auswählen b) Informationen zu Ausstellern und Produkten sammeln (Plakat/PPT/etc. zum Anbieter erstellen)	4	Im Unterricht: a) das Veranstaltungsprogramm der Messe präsentieren (Plakat/PPT/etc.), die Wahl der Veranstaltungen begründen, b) das Gespräch mit dem Aussteller vorspielen

In heterogenen Gruppen bilden stärkere KT und schwächere KT gemeinsam KG. In einer schwachen Lernergruppe legen Sie den KT ggf. Informationen über eine konkrete Messe mit entsprechenden Links vor.

4 Produkte präsentieren, Produkte vergleichen

1 Produkteigenschaften benennen a) > Zeit: 5 Min.

Adjektive und Ausdrücke zur Produktbeschreibung kennen und anwenden, Vorarbeit für 2b

Die KT tauschen sich in PA bzw. KG darüber aus, welche Eigenschaften sie für wichtig halten, und begründen ihre Meinung. Fragen Sie die KT danach, welche anderen Produkte die angegebenen Eigenschaften haben können.

2 Eine Produktpräsentation a) Zeit: 5–8 Min. b)

a) Vorwissen aktivieren
b) *selektives HV**
c) *detailliertes LV** (HV-basiert)
d) Redemittel zur Produktbeschreibung üben
e) die Meinung begründen

a) Die KT nennen ggf. weitere Produkte, die auf einer Outdoor-Messe ausgestellt werden können, und deren Verwendungszweck. Möglich ist die Darstellung des Wortschatzes in Form eines *Assoziogramms**.

Bringen Sie farbige Abbildungen von möglichen Ausstellungsobjekten einer Outdoor-Messe mit, z. B. Rucksack, Weste, Wanderschuhe, Trekkinghose (ein Messeartikel pro KG). Lassen Sie die KT den Wortschatz für die Beschreibung des Artikels wie in Aufgabe 1 und mit Hilfe von Wörterbüchern erarbeiten.

Wörterbücher

b) Entlasten Sie schwierigen Wortschatz aus dem HV und den Produktbeschreibungen in c) vor, z. B. durch Synonyme in Aufgabe 1 oder aus den anderen Quellen (*ein geringes Gewicht haben = leicht; ein kleines Packmaß haben = platzsparend im Rucksack; dem Körper optimal angepasst sein = eine anatomische Form haben; zweilagig = aus zwei Schichten bestehend; strapazierfähig = haltbar, die Spuren der Abnutzung sind lange nicht zu sehen*).

Das LV wird einen Schritt früher bearbeitet. Die KT lesen und vergleichen erst die Produktbeschreibungen, dann hören sie den Text und beantworten die Fragen.

Beim Hören lesen die schwächeren KT im Buch mit.

d) Nach dem Hören: Lassen Sie die KT Minidialoge (Frage – Antwort) mit den Strukturen aus dem Redemittelkasten zu deren Festigung bilden. Das Transkript auf S. 219 kann die Erarbeitung der Dialoge erleichtern.

d) Während des Hörens: Die stärkeren KT markieren nicht die verwendeten Redemittel, sondern notieren ganze Sätze (Produkt – Redemittel – Eigenschaft).

e) Erhöhen Sie den Redeanteil der KT durch den Austausch in PA.

KV 2: Produktbeschreibung

3 Pronominale Ersetzung

Zeit: 10 Min.

a) die Position der pronominalen Dativ- und Akkusativergänzungen analysieren
b) die Regel formulieren
c) Beispiele sammeln, die Regel überprüfen (*SOS-Prinzip**)

a) Zur Festigung der Regel schreiben Sie zwei bis drei Beispiele mit substantivischen Ergänzungen an die Tafel und lassen sie die KT wie im Muster umformen.

c) Notieren Sie auf Karteikarten je einen Satz (mit Substantiven als Dativ- und Akkusativ-Ergänzung) und auf der Rückseite die Variante mit Pronominalersetzung. Alternativ können Sie die KT selbst Sätze formulieren lassen. Die KT laufen im Raum umher und zeigen einander die Karteikarten. Die KT ersetzen die Ergänzungen durch Pronomen und vergleichen ihre Antwort mit dem Satz auf der Rückseite.

Der Hersteller präsentiert den Besuchern das neue Produkt.

Der Hersteller präsentiert es ihnen.

4 Adjektive

a) Zeit: 5 Min. b) oder oder

a) Adjektive zur Produktbeschreibung kennen und nach Suffixen zuordnen, Beispiele sammeln
b) Bewusstmachung der Wortbildung: Nominalsuffixe

a) Die KT erkennen, dass viele Adjektive mit Hilfe gleichlautender Suffixe gebildet werden. Einige dieser Suffixe sind bedeutungstragend (z. B. *-fest, -frei, -los, -voll*). Klären Sie die Bedeutung der Suffixe anhand einiger Beispiele.

-fest: gegen etwas unempfindlich sein, vor etwas geschützt sein (frostfest, hitzefest)
-los /-frei: etwas ist nicht vorhanden (fehlerlos, geschmacklos /alkoholfrei, rostfrei)
-voll: etwas ist in hohem Maße vorhanden (bedeutungsvoll, geschmackvoll)
-bar: etwas ist möglich zu tun (essbar, lieferbar, vergleichbar)
-fähig: für etwas geeignet sein, fähig sein (wettbewerbsfähig, arbeitsfähig)

c) Weitere Übungsmöglichkeiten zur Wortbildung bietet die KV 3.

KV 3: Produkteigenschaften – Adjektive

5 Eine Kaufempfehlung

Zeit: 8 Min.

Kognitivierung, Wiederholung und Üben von <f> und <pf>

Insbesondere die Affrikate <pf> bereitet vielen Lernern Schwierigkeiten. Lassen Sie Ihre KT zuerst kräftig und lange auf <f> ausatmen, dann die Lippen schließen und mit viel Luftdruck wiederum auf <f> ausatmen. So kann für die Verbindung des Plosivs <p> und des Frikativs <f> sensibilisiert werden.
Lassen Sie Ihre KT die kleine Szene auswendig lernen und spielen.

Die TN sammeln weitere Wörter mit <f> und <pf> aus der Einheit und schreiben kleine Dialoge.

6 Rollenspiel Zeit: 25 Min.

a) ein Produkt beschreiben
b) Fragen und Antworten formulieren
c) Inszenierung der Produktpräsentation, Transfer der Redemittel in eine authentische Situation

a) Teilen Sie die KT in drei Gruppen auf. Zwei Gruppen bereiten Produktpräsentationen vor, die dritte Gruppe aus lernstärkeren KT ist die Expertengruppe und gibt Hilfestellungen bei der Gestaltung der Präsentation. Stärkere Gruppen können die Produktbeschreibung stichpunktartig festhalten, schwächere Gruppen verschriftlichen die gesamte Präsentation.
Beschränken Sie die Arbeitszeit auf max. 10 Min. und den Umfang auf max. zehn Sätze.

c) Stärkere KT können ihr Produkt ohne Textvorlage frei präsentieren, schwächere KT lesen vom Blatt vor. Im Anschluss wertet die Expertengruppe die Inszenierung aus, wählt die gelungenste Präsentation und begründet die Wahl.

5 Unterschätzt

1 Markennamen a) Zeit: 7–10 Min. b)

a) Vorwissen aktivieren, mündlicher Austausch
b) Definitionen vergleichen

Regen Sie die KT durch weiterführende Fragen zur Diskussion an: *Sind Sie mit dem Produkt zufrieden? Warum kaufen Sie Produkte dieser Marke? Wie ist das Verhältnis von Preis und Qualität (Preisleistungsverhältnis)? Gibt es Markennamen aus Ihrem Heimatland, die weltweit bekannt sind?*

b) Die KT lesen die Definitionen und markieren die Schlüsselwörter. Mögliche Fragen: *Welche Schlüsselwörter finden Sie wichtig, um den Begriff zu definieren? Aus welchen Wörterbüchern könnten die Definitionen stammen?* (Definitionswörterbuch allgemein/Marketing-Lexikon).

2 Werbesprache Englisch a) b) c) Zeit: 15–20 Min.

a) *detailliertes LV**
b) sich über deutsche Marken im Ausland austauschen
c) die Meinung der Autorin darstellen

a) Zunächst soll das *selektive LV** gefördert werden. Dazu werden die kursiv gedruckten Markennamen bzw. Slogans gelesen und über das Herkunftsland Vermutungen angestellt. Im zweiten Schritt erfolgt ein *detailliertes LV**. Zur Verständniskontrolle beziehen Sie die Übung 22b, S. 142 mit ein.

c) Fragen Sie ggf. nach Markennamen/Slogans in den Heimatländern der KT, die nicht in der Muttersprache formuliert sind.

3 Namen und Produkte Zeit: 10 Min.

über Werbesprache diskutieren, seine Meinung vertreten

Fertigen Sie Karteikarten mit Produktabbildungen an (Computer, Bekleidungsstück, Schokolade, Parfüm). Die KT ziehen Karteikarten und definieren „ihr" Produkt näher. Sie entscheiden über den Namen und die passende Werbesprache und begründen im PL ihre Wahl. In besonders kreativen und ambitionierten Gruppen, die gerne mit Sprache spielen, schlagen Sie die Entwicklung eines Slogans vor.

Station 1: Training für den Beruf

Die Station 1 vertieft im „Training für den Beruf“ das Thema „Präsentationen“. Der Einstieg erfolgt über eine Reflexion, wann eine Präsentation gelungen ist. Anschließend wird mit Hilfe einer Übung zum Hörverstehen der Aufbau einer Präsentation vorgestellt. Der Fokus liegt dann auf dem sogenannten Eisbrecher, also dem Beginn einer Präsentation. Visualisierungen, insbesondere bei Powerpoint-Präsentationen, werden vorgestellt und diskutiert. Die Sequenz schließt mit einem Projekt, in dem zusammenfassend alle Aspekte geübt werden sollen.

Textsorten

Präsentation für eine Werbekampagne, S. 48 f.
Präsentationsfolien, S. 49

Wortfelder/Sprachhandlungen/Routinen

Eine Präsentation beurteilen, S. 48
Eine Präsentation aufbauen, S. 48
Etwas präsentieren, S. 48 f.

Kompetenzfelder

Eine Präsentation mit Folien erarbeiten und halten, S. 49

1 Training für den Beruf: Informationen vermitteln

1 Präsentationen sind …

Sensibilisierung für eine gelungene Präsentation, Entwicklung von Kriterien

Als Einstieg in diese Sequenz können Sie zuerst die Erfahrungen der KT abrufen: *Denken Sie an Ihre letzte Präsentation/Ihr letztes Referat – was fiel besonders leicht, was war eher schwer? Haben Ihnen immer alle zugehört? Haben Sie selbst gerne vorgetragen?*
a) Die Karikatur dient als Gesprächsanlass, von der ausgehend die KT überlegen sollen, warum Präsentationen, insbesondere Powerpoint-Präsentationen, das Publikum manchmal langweilen. Versuchen Sie die Aufmerksamkeit auf die Situation in der Karikatur zu lenken. Fertigen Sie ggf. eine Folie der Karikatur an.
b) Zur Auswertung der Reaktionen aus a) und zur Strukturierung erfolgt nun die konkrete Erarbeitung von Kriterien und Empfehlungen für eine Präsentation. Regen Sie Ihre KT dazu an, eigene Erfahrungen einzubeziehen.

Diskutieren Sie die gesammelten Empfehlungen im Kurs und stellen Sie eine Liste auf einem Plakat zusammen, die alle als hilfreich empfinden. Dieses Plakat können Sie im Kursraum als Lernplakat aufhängen.

2 „Der Anfang einer Präsentation ist immer am schwierigsten.“ a) b) c)

die eigene Meinung begründen, seinen Wortschatz erweitern, den Beginn einer Präsentation planen

a) Um die Redeanteile der KT zu erhöhen, wird die Aussage zuerst in PA diskutiert. Falls die KT zu wenig Erfahrung mit Präsentationen haben, erinnern Sie an ähnliche Anlässe (z. B. den passenden Einstieg beim Verfassen eines schriftlichen Textes finden). Sammeln Sie die Ergebnisse an der Tafel.
b) Geben Sie den KT vor dem Hören Zeit, die einzelnen Schritte durchzulesen. Ordnen Sie die Schritte im PL: Wann kommt welcher Schritt? Hören Sie dann den Präsentationseinstieg.

Für schwächere KT nutzen Sie ggf. das Transkript des Hörtextes im Anhang des Kursbuches.

3 Kontakt herstellen – der Eisbrecher a) b) c)

Zuordnen und Begründen von Themen und Funktionen

Vor Bearbeitung der Aufgabe sollten Sie das Wort *Eisbrecher* erklären: Erinnern Sie an Aufgabe 2: In welchem Kontext wird das Wort *Eisbrecher* hier verwendet? Sie können mit dem Wort sehr bildlich arbeiten. Nutzen Sie bereits hier die KV für Assoziationen.
a) Lassen Sie die KT in PA arbeiten, vergleichen Sie dann gemeinsam im PL. Achten Sie darauf, dass die KT ihre Meinung begründen.
b) Außer Punkt 2 (Aufbau einer Präsentation) beschreiben alle Punkte die Funktion des Eisbrechers. Wichtig ist der Hinweis, dass nicht alle Funktionen auf einmal erfüllt sein müssen.
c) Eisbrecher müssen nicht ausschließlich gesprochen sein, auch Bilder oder kurze Filmeinspielungen können diese Funktion haben.

KV 1: Der Eisbrecher in Präsentationen

4 Informationen visualisieren a) > b) /

*globales HV**, Vergleichen, Meinungen begründen, Tipps und Empfehlungen geben

Sehen Sie sich vor dem Hören gemeinsam die Folien an: *Welche Folie ist gut leserlich? Welche Folie ist anregend gestaltet? Welche Folie lässt genug Raum für den Sprecher?*
a) Vergleichen Sie nun die Einschätzungen aus der Vorentlastung mit dem Hörtext.
b) In PA können die Vor- und Nachteile der einzelnen Aspekte diskutiert werden.

Erarbeiten Sie im Kurs für ein Lernplakat fünf hilfreiche Tipps für die Gestaltung von Folien.

In KG können Ihre KT weitere Präsentationsformen und entsprechende Kriterien dazu erarbeiten, z. B. für Flipchart, Plakate, Overhead-Folien, usw.

5 Projekt a) > /

eine Präsentation erarbeiten und vorstellen

Lassen Sie die Präsentationen ggf. in KG halten, sodass wirklich alle KT präsentieren können. Die Auswertung sollte unbedingt sachlich und nicht personenbezogen sein. Ihre KT sollen sich an den entwickelten Kriterien orientieren und darauf Bezug nehmen.

Lassen Sie in Vorbereitung auf die Präsentation einen Beobachtungsbogen erstellen, der die wichtigsten zuvor gemeinsam erarbeiteten Aspekte berücksichtigt.

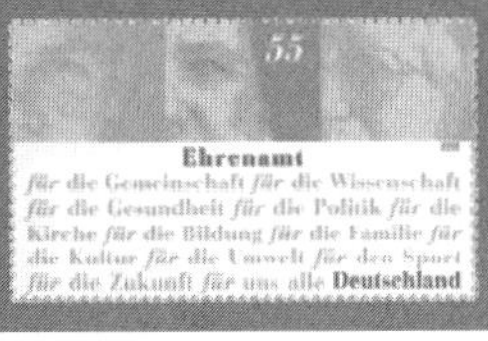

Zeit spenden 5

In der Einheit beschäftigen sich die KT mit dem Thema „Ehrenamtliches Engagement“ anhand authentischer Textsorten.
Als Einstieg werden den KT Aushänge am Schwarzen Brett vorgestellt, zu denen sie die eigene Meinung äußern und ein Bewerbungsschreiben verfassen.
Im Anschluss werden unterschiedlichste thematische Aspekte des Ehrenamtes behandelt: So wird ein Lexikoneintrag zur Entschlüsselung des Begriffs *Ehrenamt* hinzugezogen; es folgt ein Zeitungsartikel über eine ehrenamtliche Bürgerinitiative; eine Grafik visualisiert, in welchen Regionen Deutschlands sich die Menschen wie stark ehrenamtlich engagieren. Besonderer Wert wird auf die Schulung des Hörverstehens und der Intonation gelegt. Anhand der Arbeit an einem Gedicht wird für unterschiedliche Vortragsweisen sensibilisiert. Grammatische Schwerpunkte der Einheit bilden Strukturen mit *haben + zu/ brauchen + zu*, Präpositionaladverbien und irreale Konditionalsätze im Konjunktiv II, die die KT befähigen sollen, irreale Bedingung auszudrücken.
Die Einheit schließt mit einem Porträt des deutschen Schauspielers Karlheinz Böhm, der die Stiftung *Menschen für Menschen* gründete.

Textsorten

Aushänge am Schwarzen Brett, S. 56
Lexikon-/Wörterbucheintrag *Ehrenamt, Ehre, Amt*, S. 58
Zeitungsartikel *„Pfandtastisch helfen“*, S. 59
Grafik *„Pfandtastisch helfen“*, S. 59
Landkarte *Ehrenamt in Deutschland*, S. 60
Zeitungsartikel *Engagement regional ...*, S. 60
Flyer *Uniaktiv*, S. 61
Radio-Feature *Ehrenamt und Beruf*, S. 61
Gedicht *Wilhelm Busch: Nur kein Ehrenamt*, S. 63
Porträt *Menschen für Menschen – ein Lebenswerk*, S. 64

Wortfelder/Sprachhandlungen/Routinen

Jmdn. überzeugen/überreden, S. 56 f.
Begriffe erklären, S. 58 ff.
Meinungen begründen und diskutieren, S. 56, S. 59
Über ehrenamtliches Engagement sprechen, S. 57, S. 61
Stellung nehmen, zustimmen/widersprechen, S. 63
Über etwas berichten, S. 64

Grammatik

Strukturen *haben + zu/(nicht) brauchen + zu*, S. 58
Präpositionaladverbien mit *da(r)*, S. 62
Irreale Konditionalsätze (Konjunktiv II), S. 62

Phonetik

Aussprache *pf, f* und *w*, S. 59
Wortakzent bei Präpositionaladverbien, S. 62

Kompetenzfelder

Ein Bewerbungsschreiben verfassen, S. 57
Eine Landkarte analysieren, S. 60
Ein Gedicht analysieren und vortragen, S. 63
Schriftlich Stellung nehmen, S. 63

Testformat(e) – Prüfungsformate

telc Deutsch B2: Sprachbausteine 1, S. 148
Goethe-Zertifikat B2: Leseverstehen 1, S. 151

1 Machst du mit?

1 Ehrenamtsbörse

a) oder ➢ b) oder ➢

Reflexion über die Überschrift der Einheit. Lassen Sie die KT zunächst über das Wort *spenden* nachdenken und regen Sie ein Gespräch an: *Beschreiben Sie mit eigenen Worten, was spenden bedeutet. Was kann man alles spenden? Haben Sie selbst schon gespendet (Geld, Essen, Kleidung, Blut etc.)? Haben Sie das gern getan?* Im Anschluss diskutieren die KT die Wortkombination *Zeit spenden* und äußern sich zu der Frage: *Haben Sie schon einmal Zeit gespendet?*

a) Einstimmung auf das Thema, Vorwissen aktivieren, *globales LV**
b) *selektives LV**, Austausch im Kurs

Zuerst soll der Begriff *Schwarzes Brett* definiert werden. Geben Sie den KT etwas Zeit, die Aushänge zu überfliegen und die Definition zu formulieren.

Schwarzes Brett: Brett für Aushänge, u.a. in Schulen, Hochschulen und Betrieben

Anschließend werden die Aushänge analysiert. Legen Sie die Lesezeit fest (max. 5 Min.). Die KT sollen die Texte nicht im Detail lesen, sondern sich an den Überschriften und den fett gedruckten Informationen orientieren (*Lesestrategie: Scannen**).
b) Arbeit in PA: Jeder KT wählt für sich drei Texte. Danach werden die Informationen ausgetauscht.

b) Für stärkere KT eignen sich *Diakonie, Tierschutz im Urlaub, Willkommen in Ehrenamt*, für schwächere *Staatsgalerie Stuttgart, Jugendleiter*.

2 Ich möchte mich gerne engagieren ...

a) b) c)

a) *selektives HV**, Einbeziehung der Texte aus 1.1
b) *detailliertes HV**, Redemittel *jmdn. von etw. überzeugen/sich überzeugen lassen*
c) Training des gelenkten Sprechens, Transfer der Strukturen aus b)

a) Die Aushänge werden den Themen in der Übung zugeordnet. Danach wird im PL zusammengetragen, was wohl Julia interessieren könnte und was Robert, und welchen Kompromiss sie schließen könnten. Ausgehend davon werden die eigenen Hypothesen überprüft (hypothesengeleitetes Hören). Spielen Sie den Dialog zweimal vor, ggf. mit Pausen nach jeder besprochenen Anzeige.
b) Geben Sie den KT vor dem Hören Zeit zur Lektüre der Redemittel.
c) Die KT bilden 2er-Gruppen und besprechen die Anzeigen ähnlich wie Robert und Julia im Dialog. Das geschieht zunächst mündlich, danach erarbeiten sie einen schriftlichen Dialog, der einige der Redemittel enthalten soll. Sie lernen den Dialog auswendig und tragen ihn vor.

c) Die/der KL hilft den Gruppen, insbesondere schwächeren, beim Satzbau.

3 Und Sie?

a) b)

a) die Textsorte *Bewerbungsbrief* kennenlernen, ein Bewerbungsschreiben selbst verfassen
b) über Ehrenamt in eigenem Land in schriftlicher Form berichten, das Schreiben trainieren

a) Aktivieren Sie das Vorwissen der KT durch Fragen: *Welche Informationen sollte ein Bewerbungsschreiben enthalten?* Besprechen Sie die formale Gestaltung des Anschreibens: *Welche Struktur soll der Brief haben? Welche Grußformeln für einen offiziellen Brief kennen Sie?*
b) In heterogenen Gruppen lassen Sie die KT über ihre Herkunftsländer berichten, in homogenen Gruppen über die Konventionen in anderen bekannten Ländern.

a) Die Auswertung der Bewerbungsschreiben kann im Kurs erfolgen. Sammeln Sie die Anschreiben ein und lassen Sie die KT jeweils einen Brief ziehen. Anschließend berichtet jeder, ob das Anschreiben überzeugt hat.

2 Was heißt „Ehrenamt"?

1 Definitionen

a) b) c) d)

a) Strategietraining: Tätigkeiten einer Kategorie zuordnen, Wdh. der Texte aus 1.1
b) *globales LV**, Überprüfung des Textverständnisses
c) Textvergleich, Strategietraining: Komponenten eines Kompositums analysieren, um den Gesamtsinn zu entschlüsseln.
d) Begriffe definieren, Transfer der Strukturen aus Einheit 2, S. 19

a) Die KT ordnen die in 1.1 angegebenen Tätigkeiten den Kategorien zu. Führen Sie zur Verdeutlichung ein Beispiel an.
b) Punkt 2 und 4 sind auf Diskussion angelegt. Weisen Sie auf die Lösung im Text hin.
c) Erinnern Sie die KT, dass sich die Bedeutung der Komposita im Deutschen durch die Analyse der einzelnen Wörter erschließen lässt.
d) Lassen Sie die KT zum Definieren des Begriffs die Redemittel auf S. 19 verwenden. Danach suchen die KT den Begriff in ihrer Muttersprache oder anderen bekannten Fremdsprachen.

2 *Müssen* oder *nicht müssen* ...? Ersatzformen

a) ▸ b) ▸ c) ▸

a) grammatischen Strukturen der Texte aus 1.1 analysieren, Strategie: *Sammeln**
b) *Ordnen**, Bedeutung der grammatischen Strukturen erschließen und vergleichen
c) Semantisierung, die Lücken in der Regel ausfüllen (*SOS-Prinzip**)

a) Weisen Sie die KT auf den Unterschied hin:
brauchen + Akk. → Synonym: *benötigen* – *(nicht) brauchen + zu* → Synonym: *nicht müssen.*

> *Dafür brauchen wir deine Unterstützung.* = Dafür benötigen wir deine Unterstützung.
> *... um Essen und Unterkunft brauchst du dich vor Ort nicht zu kümmern.* =
> ... um Essen und Unterkunft musst du dich vor Ort nicht kümmern.

Zur Selbstüberprüfung ersetzen die KT die Strukturen, die sie markiert haben, mit Synonymen.
b) Weisen Sie explizit darauf hin, dass die Struktur *brauchen + zu* immer eine Verneinung benötigt.

> *Du brauchst dich zu kümmern.* = Du brauchst Koch zu sein*. ... → falsch*
> *Du brauchst dich nicht zu kümmern. = Du brauchst kein/nicht Koch zu sein. → richtig*

c) Die KT ergänzen die Regel auf Grundlage von a) und b).

3 „Pfandtastisch helfen"

a) ▸ b) ▸ ▸ c) ▸

a) Strategietraining: *Scannen**, eine passende Überschrift finden, die Wahl begründen, *globales LV**
b) *selektives LV**, Begriffe definieren, Transfer der Strukturen aus Einheit 2, S. 19
c) *detailliertes LV**, eine Grafik verstehen und kommentieren

a) Verdeutlichen Sie zunächst das Prinzip der Pfandrückgabe, s. dazu die landeskundliche Information und die Abbildung. Zusätzlich können Sie die KV 1/2, „Pfandflaschenrückgabe", benutzen. Die KT kreuzen noch vor dem Scannen des Textes die ihrer Meinung nach passendste Überschrift an und überprüfen diese Hypothese beim Überfliegen des Textes. Machen Sie eine Zeitvorgabe (max. 2 Min.). Nur der Kerngedanke soll verstanden werden (Strategie: *Scannen**).
b) Erinnern Sie die KT erneut daran, die Komposita in ihre Komponenten zu zerlegen. Weisen Sie auf das Wortspiel mit den Wörtern *Pfand* und *fantastisch* hin – eine Art Werbeslogan, der mit der phonologischen Ähnlichkeit der beiden Ausgangswörter spielt.

c) Schwächere KT machen Notizen und beziehen diese bei der mündlichen Antwort ein.

(M) KV 1/2: Pfandflaschenrückgabe

4 Ein cleveres Spendensystem

▸ ▸ ▸

*detailliertes HV**, Notizen beim Hören machen

Vor dem Hören stellen Sie die Frage: *Was glauben Sie, wird vermutlich zu den einzelnen Punkten erzählt werden?* Die KT bilden Hypothesen.

Weisen Sie die KT darauf hin, sich auf Schlüsselwörter zu konzentrieren und die Notizen kurz zu halten (Abkürzungen, Auslassen von Artikeln, Hilfsverben, sparsamer Adjektivgebrauch).

5 Aussprache *pf*, *f* und *w* b)

Kognitivierung, Wiederholung und Üben von <f> , <pf> und <w>

Erweiterung zur Übung 4.5 in Einheit 4, S. 45
a) Weisen Sie die KT auf den Unterschied zwischen <f> = stimmlos und <w> = stimmhaft hin.
b) Die KT sollen keine Minimalpaare finden, sondern Wörter mit den Lauten [f, v, pf]. Daraus wird sich ergeben, dass <v> wie [f] oder [v] ausgesprochen werden kann. Die eigentliche Schwierigkeit beim Diktieren besteht hier nicht im Schreiben, sondern in der korrekten Aussprache.

6 Wie finden Sie die Idee der „Sozialhelden"? oder

mündlich Stellung nehmen

Die Redemittel aus Einheit 4 (S. 39, 1.2b), *über Neues, Überraschendes sprechen / Verwunderung ausdrücken*, helfen den KT, die Diskussion zu führen.

Am Ende wird im PL abgestimmt und das Ergebnis an der Tafel festgehalten: *Ich bin dagegen. / Ich bin dafür. / Ich bin unsicher.* Die KT begründen ihre Meinung.

3 Was bringt ein Ehrenamt?

1 Volkswirtschaftlicher Nutzen und regionale Unterschiede a) oder b)

a) Landeskunde, Auswertung der Grafik mit statistischen Angaben, mündlicher Ausdruck
b) *globales LV**, regionale Unterschiede in Ehrenamt kennenlernen

a) Die KT teilen sich auf: Eine Person berichtet über Regionen mit viel, die andere über solche mit wenig ehrenamtlichem Engagement. Die KT versuchen Gründe für das unterschiedlich stark ausgeprägte Engagement in den einzelnen Regionen zu finden.
b) Erhöhen Sie die Redeanteile, indem eine Person die linke Spalte über Deutschland, die andere die rechte Spalte über Österreich liest. Es folgt ein Austausch über die Informationen.

a) Schwächere KT machen Notizen, auf die sie sich beim Gespräch mit dem Partner stützen. Die KT sollen möglichst keine Sätze vorlesen, sondern mit eigenen Worten formulieren.
b) Stärkere Gruppen können auch beide Texte lesen und sie gemeinsam besprechen.

2 Arbeit mit Wörtern. Nomen-Verb-Verbindungen a) b)

a) Nomen-Verb-Verbindungen finden, Detailverstehen
b) themenbezogene Begriffe auswählen und definieren, Transfer der Strukturen aus Einheit 2

a) Geben Sie den KT Zeit, die Nomen-Verb-Verbindungen in dem gelesenen Textabschnitt zu finden.
b) Substantive sollen mit dem Artikel und Verben im Infinitiv notiert werden.

b) Der Wortschatz kann mit Hilfe eines *Wortigels** systematisiert werden.

a) Falls die stärkeren Gruppen mit der Aufgabe schnell fertig sind, lassen Sie sie mit b) fortfahren.
b) Die stärkeren Gruppen können mehr als zwei Begriffe definieren.

3 Österreich und Deutschland im Vergleich a) b) c)

a) einen Text zusammenfassen, über Gemeinsamkeiten und Unterschiede sprechen
b) Hypothesen bilden, die eigene Meinung begründen
c) eine Grafik gestalten, das LV aus 1b überprüfen

a) Die KT lesen die Texthälfte aus 3.1, die sie noch nicht kennen. Danach schreibt in PA eine Person die Gemeinsamkeiten aus dem Text heraus, die zweite Person notiert die Unterschiede.
b) Die KT denken über die Frage nach und bilden in PA Hypothesen.
c) Das LV des zweiten Textteils wird überprüft. Nach dem Erstellen der Grafik erfolgt die Korrektur und Besprechung in PA.

4 „Schlüsselkompetenzen durch gesellschaftliches Engagement" a) ➢ b) ➢ ➢

a) LV-Vorentlastung, Hypothesen vor dem Lesen bilden
b) selektives LV, Pro-Argumente für ehrenamtliches Engagement sammeln

a) Der Begriff *Schlüsselkompetenzen* dürfte den KT neu sein. Geben Sie an der Tafel Beispiele solcher Kompetenzen an und lassen Sie die KT raten, was darunter verstanden wird: *interkulturelle Kompetenz, soziale Kompetenz, sprachliche Kompetenz.*
b) Sprechen Sie über die Textsorte *Flyer*: *Was ist ein Flyer? Wo stößt man auf Flyer?* Anschließend lesen die KT den Text und sammeln Pro-Argumente. Dabei sollen nicht ganze Sätze, sondern Schlüsselwörter oder kurze Thesen notiert werden.

5 Karrierek(n)ick „Ehrenamt"?! a) ➢ ➢ ➢ b) ➢ ➢

a) *globales HV**, einem Hörtext die wichtigsten Informationen entnehmen
b) *selektives HV**, Texte vergleichen, Notizen machen

a) Lassen Sie Aufgabestellung und Antwortalternativen vor dem ersten Hören lesen. Spielen Sie, wenn nötig, den Hörtext zweimal vor.
b) Geben Sie den KT vor dem Hören Zeit, noch einmal ihre Notizen aus 3.4b anzusehen. Weisen Sie darauf hin, dass im Text mindestens ein Contra-Argument genannt wird.

6 Und bei Ihnen? oder ➢ (P)

interkultureller Vergleich in heterogenen Gruppen, über den beruflichen Nutzen des Ehrenamtes im eigenen Land berichten

Projekt: Die KT können selbst in 4er-KG ein 5-minütiges Radio-Feature gestalten. Weisen Sie auf die Schritte beim Erstellen eines *Features* hin*: 1. Merkmale der Textsorte im Internet recherchieren* (*Feature, das*: Dokumentarbericht in Radio und Fernsehen mit Reportage-, Dialog- und Kommentaranteilen)*, 2. Schritte: a) Konzept erarbeiten, b) Drehbuch verfassen, c) Gespräch aufnehmen, d) Hintergrundmusik hinzufügen, 3. Präsentation im PL.* Die Aufgabe wirkt motivierend und fördert die Lernerautonomie.

4 Strukturen

1 Du engagierst dich ehrenamtlich? a) ➢ b) ➢ c) ➢

a) Wdh.: Präpositionaladverbien, Strategie: *Sammeln**
b) Funktion von Präpositionaladverbien aus dem Kontext erklären, Strategie: *Ordnen**
c) Semantisierung, grammatische Textanalyse, Strategie: *Systematisieren** (*SOS-Prinzip**)

a) Zunächst wird die Wiederholung der Präpositionaladverbien empfohlen (Einheit 4, S. 43). Danach suchen die KT nach Präpositionaladverbien – sowohl *wo(r)-* als auch *da(r)*-Formen.
b) Die KT suchen nach Wörtern oder Wortgruppen, die das jeweilige Präpositionaladverb ersetzen. Weisen Sie darauf hin, dass vor der Wortgruppe nicht unbedingt eine Präposition steht (s. Bsp. 1).
c) Erklären Sie den Begriff *Präpositionalphrase*: eine Wortgruppe mit Präposition.

2 Wortakzent

a) b)

Wortakzent bei Präspositionaladverbien

a) Beachten Sie die Minimemo auf S. 62 im Kursbuch.
b) In dieser Übung kommt häufig das Wort *Engagement* bzw. *sich engagieren* vor. Nutzen Sie die Übung, um die Aussprache zu trainieren ([ãgaʒ(ə)ˈmãː], [ãgaˈʒiːrən]).

3 Argumente gegen ein Ehrenamt

a) b) c)

a) *selektives HV**, Notizen machen: Gründe gegen ein Ehrenamt sammeln
b) Aufmerksamkeit auf die Konjunktiv-II-Formen im Text lenken, *Sammeln** (*SOS-Prinzip**)
c) *Automatisierung** des Konjunktivs II (Funktion: Irreales ausdrücken)

a) Da der Dialog bekannt ist, spielen Sie ihn nur einmal vor.
b) Die KT schlussfolgern auf Grundlage der Beispiele die Funktion des Konjunktivs II.
c) Die KT sollen möglichst viele verschiedene Varianten der Sätze formulieren. Dabei darf die Korrektheit nicht unter der Schnelligkeit der Artikulation leiden.

Für weitere Beispiele der Konjunktivformen (Gegenwart und Vergangenheit) in irrealen Konditionalsätzen weisen Sie auf den Grammatik-Anhang, S. 204, 4 hin.
c) Stärkere Lerner formulieren eigene Satzanfänge. Diese werden untereinander und lehrerseitig korrigiert und dann schnell gesprochen.

4 Bloß nicht! Ein Gedicht hören und mitlesen

a) b)

a) ein Gedicht hören, *globales HV**, Bewusstmachung der Bedeutung von Intonation
b) Textanalyse: Argumente in einem Text finden

a) Die KT hören das Gedicht und versuchen, die Stimmung zu erkennen. Geben Sie Adjektive an: *ironisch, heiter, ernst, streng, dramatisch, traurig, ...* Gehen Sie ebenfalls auf die Informationen zu Wilhelm Busch ein und fragen Sie im Kurs, wer die Bildergeschichte *Max und Moritz* kennt, bzw. nach Leseeindrücken.
b) Die KT vergleichen in PA Roberts Argumente (S. 62, Übung 4.3a) mit den im Gedicht angeführten Argumenten.

5 Ein Gedicht vortragen

ein Gedicht vortragen

Die KT sollen sich in einem ersten, strukturierten Schritt mit ästhetischer Kommunikation, nämlich dem Vortragen literarischer Texte, vertraut machen. Das Augenmerk liegt dabei auf der sprecherischen Umsetzung: Artikulation, Intonation, Rhythmus, Akzentuierung. Darüber hinaus wird so die Möglichkeit gegeben, sich literarischen Texte auf eine andere Weise als über Wortschatz und Übersetzung zu nähern: Es geht darum, Stimmung, Klang und Atmosphäre eines Textes zu erfassen. Beziehen Sie ggf. Übung 16 der Einheit 7 (S. 174) ein.
a) Schulen Sie das Hören und sensibilisieren Sie für verschiedene Sprech- und Vortragsweisen. Wann und warum klingt ein Text langweilig oder eben nicht?
b) Stellen Sie Impulsfragen: *Welche Wörter sollten besonders akzentuiert werden (Kontrastakzent)? Wann erfolgen Pausen – für den Sprecher, für den Hörer? Welche Botschaft soll mit der eigenen Variante ausgedrückt werden?* Wichtig: Die Aussage des Gedichts soll sich mit Hilfe der Wörter vor allem über die sprecherische Gestaltung ergeben.

Lassen Sie die KT das Gedicht im PL vortragen, ggf. bilden Sie kleinere Gruppen, um ihnen die Scheu zu nehmen. Das Vortragen von Gedichten gelingt selten auf Anhieb – wiederholen Sie deshalb solche Übungen von Zeit zu Zeit.

6 Und Sie?

das Schreiben üben, Zustimmung äußern und widersprechen, schriftlich Stellung nehmen

Weisen Sie auf die Merkmale der Textsorte *Stellungnahme* hin, insbesondere auf den sachlichen Schreibstil. Die Textbausteine *Schriftlich Stellung nehmen* aus Einheit 3, S. 35 helfen dabei.

Regen Sie die KT an, zu Hause weitere Zitate zum Thema zu recherchieren. Diese können auch als Ausgangsthese für die schriftliche Arbeit benutzt werden oder im Klassenraum aufgehängt und in Form einer *Galerie** erarbeitet werden.

5 Karlheinz Böhm – ein Porträt

1 Ein Schauspieler und seine Rollen a) b) c)

a) Vorbereitung auf das LV, hypothesengeleitetes Lesen, Strategietraining: Überschriftenanalyse
b) *globales LV**, Bildern Textpassagen zuordnen
c) Begriffe aus dem Kontext verstehen und erklären, Strategie: *Antizipieren**

a) Überschrift und Fotos bieten erste Anhaltspunkte. Achten Sie auf die Zeit. Sammeln Sie gemeinsam an der Tafel Ideen.
b) Wenn in Gruppen verschiedene Varianten entstehen, regen Sie die KT dazu an, sich gegenseitig zu überzeugen bzw. überzeugen zu lassen (Wdh. der Redemittel *jmdn. von etw. überzeugen / sich überzeugen lassen*, S. 56).
c) Im Kurs teilen die KT in PA zuerst ihren Leseeindruck mit. Der Begriff *Wendepunkt* soll nicht nur über Komposita-Analyse erklärt werden. Die KT markieren im Text die Passage, die das Wort erklärt.

2 Aus einer Wette/Idee entsteht ein Lebensprojekt oder

eine Recherche durchführen, Informationen vorstellen

Führen Sie eine Diskussion darüber, ob es wohl viele Menschen gibt, die ihr Leben anderen widmen. Die KT führen Beispiele an.

Die KT arbeiten in KG, recherchieren zu Hause ähnliche Beispiele und bereiten sie für eine kurze Präsentation vor. Anforderungen an die Präsentationen: *1. max. Dauer: 6 Min. 2. Alle Gruppenmitglieder sollen zu Wort kommen.* Die anderen KT – die Zuhörer – füllen die Auswertungstabelle der KV aus.

KV (online): Eine Präsentation bewerten

6 Architektur

Die Einheit behandelt das Thema „Architektur“. Der Einstieg erfolgt stark bildgesteuert über Fotos und Lexikoneinträge zu ausgewählten, ggf. bereits bekannten und ansprechenden Architekturstilen.
Die Stilrichtungen finden sich in den unterschiedlichen Phasen der Einheit und im Übungsteil thematisch wieder. Dabei kommen Leute vom Fach zu Wort, das Thema wird rückblickend mit Bezug auf das Bauhaus, jedoch auch hinsichtlich zukünftiger Entwicklungen, so z. B. dem Ökologischen Bauen, betrachtet. Modalität (d. h. Modalpartikeln, subjektiver Gebrauch von Modalverben, Modalwörter) ist das tragende grammatische Thema der Einheit, dessen Komplexität durch sinnvolle Portionierung vereinfacht und den KT über griffige Beispiele und authentische Texte vermittelt wird. In der Einheit werden vielfältige Kompetenzbereiche angesprochen, so u. a. Arbeit mit Lexikoneinträgen, Recherche und Präsentation der Suchergebnisse, Texte mit Hilfe spezifischer Fragetechniken erschließen und dazu Notizen anfertigen.

Textsorten

Fotos mit Bildunterschrift, S. 66 f.
Lexikoneinträge *Blob-Architektur* usw., S. 67
Artikel aus *Die Zeit: Interview mit Frank Gehry*, S. 68
Radio-Interview *Henriette Melzer*, S. 69
Eintrag aus einem Grammatikhandbuch, S. 69, S. 73
Magazinartikel *Das Staatliche Bauhaus in Weimar*, 70 f.
Magazinartikel *Wohnen wir bald auf dem Wasser?*, S. 74
Kommentar *Dreimal null – kühne Visionen ...*, S. 72
Radiokommentar *Wolf Kerner*, S. 74

Wortfelder/Sprachhandlungen/Routinen

Über Architektur/Architekturstile sprechen, S. 66 ff.
Einen Begriff erklären, S. 66
Die Position einer anderen Person wiedergeben, S. 68
Einen Architekturstil/ein Bauwerk vorstellen, S. 69
Etwas kommentieren und (Un-)Sicherheit ausdrücken, S. 70
Vermutungen äußern, S. 71

Grammatik

Modalpartikeln, S. 69
Subjektiver Gebrauch der Modalverben: Vermutungen, S. 71
Subjektiver Gebrauch von *sollen* und *wollen*, S. 73
Modalwörter, S. 74

Phonetik

Wortakzent in Fremdwörtern, S. 73

Kompetenzfelder

Abkürzungen verstehen, S. 67
Aussagen graduell modifizieren, S. 69
Überschriften zu Textabschnitten finden, S. 70
Ein Thema recherchieren und präsentieren, S. 69, S. 71

Testformat(e) – Prüfungsvorbereitung

telc Deutsch B2: Sprachbausteine 2, S. 161
Goethe-Zertifikat B2: Leseverstehen 2, S. 163
telc Deutsch B2: Leseverstehen 2, S. 163
Sprachbausteine 1, S. 164

1 Von der Kunst des Bauens

1 Was ist Architektur?

oder ➢

Vorwissen aktivieren, Ideen sammeln, Wortschatz wiederholen/erweitern, Redeanlässe schaffen

Erhöhung der Redeanteile durch PA oder KG; geben Sie ggf. weitere Redemittel vor:
Für mich ist ... vor allem mit ... verbunden. / ... steht im engen Zusammenhang mit ...
Wenn ich an ... denke, dann fällt mir (spontan)... ein/auf.
Vgl. auch Einheit 1, S. 19: *etw. definieren* bzw. Band B2/1, Einheit 5: *eigene Ideen und Gedanken ausdrücken, S. 63.*

Für starke Gruppen bietet sich ein Wortschatzspiel an: „1 Begriff – 10 Assoziationen – in 100 Sekunden“: Es werden KG zu je 4 KT gebildet, die Bücher bleiben geschlossen. Die KT haben 100 Sekunden zum Notieren von zehn Wörtern bzw. Wortgruppen zum Begriff *Architektur*. Die Auswertung erfolgt im PL.

2 Ausgewählte Architekturstile und -strömungen nach 1900

a) ➢ b) oder oder ➢ c) oder oder ➢ d) ➢

a) Landeskunde D-A-CH ➢ Architekturstile sehen, Vorwissen aktivieren, Eindrücke beschreiben
b) Abkürzungen und Eigenschaften der Textsorte *Lexikoneintrag* kennenlernen, Vorarbeit: *LV**
c) *detailliertes LV**, Zuordnung von Textinhalten zu entsprechenden Bildern
d) Architekturstile näher kennenlernen

a) Die meisten Bauwerke/Stile werden im Laufe der Einheit erneut thematisiert: Dekonstruktivismus/Blob-Architektur: Frank Gehry, S. 68; Bauhaus, S. 70 f.; expressionistische Architektur, S. 157; Ökologisches Bauen, S. 72. Beziehen Sie folgende Redemittelkästen ein: B2/2: Einheit 1, S. 19: *Bilder vergleichen*; Einheit 7, S. 83: *Positionen im Raum darstellen*; S. 88: *Eindrücke beschreiben*
b) Teilen Sie die KT ggf. in KG, um Zeit zu sparen. Der Vergleich erfolgt im PL.
c) Schwache KT lösen ggf. erst Aufgabe d) und ordnen dann zu.
d) Lassen Sie die KT Notizen (keine vollständigen Sätze) festhalten, und machen Sie Zeitvorgaben. Machen Sie die KT auf die Baustoffe in der unteren Bildleiste aufmerksam, wenn diesbezüglich Vokabelfragen auftreten (generell gilt aber das Prinzip des *inzidentellen Lernens**).

d) Stärkere KT schließen die Bücher und notieren, was sie behalten haben (ggf. lassen Sie nur zwei, drei Texte lesen und in dieser Form bearbeiten).

3 Begriffe erklären

Redemittel zur Beschreibung von Begriffen kennenlernen bzw. vertiefend üben

Begriffe beschreiben wird in den Aufgaben 1.4b, S. 68 und 3.3, S. 73 geübt; daher ist hier die Konzentration auf einzelne Formulierungen möglich und später schrittweise die Erweiterung.

Schwache KT schreiben die Definition in PA und präsentieren in KG.

KV 1: Redemittelkärtchen: einen Begriff erklären
Kopieren Sie die KV 1 und legen Sie Kärtchensets für die KT an. Jede KG teilt ein Set untereinander auf. Jeder KT muss die auf den Kärtchen festgehaltenen Redemittel in seine Rede einbauen. Dadurch ist ein „sanfter Zwang“ zur Verwendung der Strukturen gegeben.

4 Standpunkte und Architektur

a) ➢ b) ➢

a) Wdh.: Textauswertungsverfahren: Notizen machen; *selektives LV** (fragebezogen)
b) Wdh.: Redemittel *Begriffe beschreiben*; Textverstehen absichern
c) die Position/Einstellung einer Person aus einem Text herauslesen und wiedergeben
d) nach Vorgaben recherchieren, eine Position finden und vertreten, Wdh.: Adjektive

a) Weisen Sie darauf hin, dass es sich um einen (gekürzten) authentischen *Zeit*-Artikel handelt.

Landeskunde

Die Zeit ist eine deutsche, überregionale Wochenzeitung und erscheint seit dem 21. Februar 1946 regelmäßig donnerstags. Erscheinungsort ist Hamburg. Zielgruppen sind Personen mit gehobenem Bildungsstandard. Die Zeit gilt als liberal; komplexe Themen beziehen daher meist unterschiedliche Positionen ein.

Hinweise zum Anfertigen von Notizen finden Sie im Band B2/1 Einheit 1, S. 18. Unterstützen Sie hypothesengeleitetes Lesen: Die KT sehen sich Gehrys Vitra Design Museum (S. 66) an (ergänzen Sie ggf. mit Fotos des Guggenheim Museum Bilbao oder der Walt Disney Concert Hall) und lassen Sie in KG diskutieren, welche Reaktionen von Kolleginnen/Kollegen und Öffentlichkeit mit Wahrscheinlichkeit zu erwarten sind, welche Eigenschaften Gehry den Bauten zuschreibt, und dessen Verhältnis zu Kunst. Erst dann lesen die KT und überprüfen ihre Hypothesen.
b) Wörter erklären sich über den Kontext, lassen Sie daher Wörterbucharbeit erst später zu. Erhöhen Sie die Redeanteile durch PA und werten Sie im PL aus. Der Artikel bietet vielfältige Möglichkeit zur Weiterarbeit am Wortschatz: 1. komplexe Nomen definieren (z. B. *Skepsis = jmd. hat Vorurteile oder Bedenken gegenüber einer Person oder Sache, Tüftelei = intensive, z. T. sehr langwierige und schwierige Arbeit, ...*), 2. unbekannte Verben sammeln und Synonyme finden (*attackieren = angreifen, unterwerfen = sich beugen*), 3. Wortverbindungen suchen (z. B. Nomen-Verb-Kombinationen: *Nachbar sein, Rücksicht nehmen*).
d) Geben Sie ggf. Stichwörter zur Suche vor.

d) Stärkere KT schreiben als Reaktion auf das Interview einen Leserbrief an *Die Zeit*.

5 Reaktionen auf Frank Gehry

a) globales HV*, auf „weiche Faktoren" (Betonung, Pausen, Stimme) achten lernen, Anwendung des Prinzips „So-extensiv-wie-möglich-und-so-intensiv-wie-nötig-hören"
b) *selektives HV**, Hauptaussagen aus einem Hörtext filtern
c) eine Position einschätzen können

a) Fördern Sie offenes, angstfreies Zuhören: Die KT konzentrieren sich beim ersten Hören auf Stimme, Intonation und Akzentuierung und nicht auf den Inhalt. Erst beim zweiten Hören achten sie auf die Aussagen.
b) Drei KT bilden eine KG. Je ein KT konzentriert sich beim Hören auf einen speziellen Punkt, d. h. entweder Ästhetik oder Umgebung oder Verhältnis Kunst-Architektur.
c) Die Modalpartikeln werden noch nicht thematisiert. Die Aussagen werden mehrfach betont vorgelesen, nach dem Ankreuzen kann mit dem Transkript auf S. 221 gearbeitet werden.

Schwächere KT nutzen beim zweiten Hören zu a) die Übung 9, S. 159.

Weiterarbeit mit dem Transkript S. 221: Die KT markieren Passagen, in denen sich Melzer direkt auf eine Aussage Gehrys bezieht, und suchen diese im *Zeit*-Artikel.

6 Zur Funktion der Architektur

a) Funktionsbereiche von Architektur systematisieren, hypothesengeleitetes HV durch Zuordnungsarbeit in Funktionsbereiche, Hypothesen überprüfen und ggf. revidieren
b) *selektives HV**, Notizen machen
c) erklären, was jemand mit einer bestimmten Aussage meint

a) Die KT diskutieren die Begriffe *primäre Funktion* und *sekundäre Funktion*: *Was ist die ursprüngliche Aufgabe von Architektur? Welche Funktionen sind später hinzugekommen? Was ist wesentlich/wichtig in der Architektur?*
b) Spielen Sie den Hörtext ggf. mehrfach ab. Hier bietet sich die Wiederholung der Redemittel aus 1.4c an.
c) Weisen Sie die KT auf das Wort *Spannungsfeld* hin: *Was ist das? Was ergibt sich daraus?*

Die KT halten in einem Kurzkommentar fest, was Melzer und Gehry (*Zeit*-Artikel ab Zeile 46) zum Verhältnis von Architektur und Kunst zu sagen haben und geben die eigene Position wieder.

7 Modalpartikeln

Modalpartikeln erarbeiten, Arbeit mit einer Lernergrammatik, mit Metasprache umgehen lernen, Informationen aus einem Text sammeln und auf konkrete Beispiele anwenden

Vermeiden Sie EA; PA fördert Austausch und beugt Frustration vor. Erklären Sie, dass Intonation und Akzentuierung bei Modalpartikeln wichtig sind. Ihre Stellung im Satz unterliegt Regeln:

Regel 1: keine Anfangsstellung (Ausnahme: „eigentlich")
Regel 2: keine Verbposition (Erst-, Zweit- oder Endstellung)
Regel 3: keine Stellung nach Negationspartikeln und -adjektiven
Regel 4: Stellung nach Verb und Personalpronomen an dritter oder vierter Position

Geben Sie Beispielsätze mit Regelverletzungen und lassen Sie die KT erklären.

KV (online): Wiederholung: Modalpartikeln

8 Und bei Ihnen?

eine Präsentation erarbeiten (geeignetes Material suchen, aufbereiten und vorstellen können)

Mögliche Präsentationsformen: Poster, Powerpoint, Fotocollage, Wandzeitung, für größere Projekte bei entsprechender Ausstattung ggf. Gestaltung einer Internetseite oder eines Videos bzw. Podcasts. Wichtig sind klare Rahmenvorgaben zu Form, Zeit und Präsentationsumfang.

2 Das Bauhaus: Wiege der modernen Architektur

1 Bauhaus könnte doch ein Möbelstil sein! a) b) oder

a) Informationen zum Bauhaus sammeln, subjektiver Gebrauch der Modalverben
b) *Automatisierung** gängiger Kommentarformeln

a) Inhalt vor Form! Die KT konzentrieren sich zunächst ausschließlich auf inhaltliches Verstehen, fordern Sie sie daher auf, hinter jeder Aussage festzuhalten: *Ich stimme (nicht) zu*; anschließend beschäftigen sich die KT mit dem Grad der Sicherheit der Aussage.
b) Die KT lesen und kombinieren Redemittelbausteine im Schema zunächst unabhängig von a), üben die Intonation und achten auf Schnelligkeit. Im zweiten Schritt schaffen sie inhaltliche Bezüge zu a) durch Kommentierung. Achten Sie bei der Automatisierung auf die Vermeidung von Fehlern.

a) Bildeinstieg über Bauhausmeister. Die Bücher bleiben geschlossen, die KT sehen (ggf. über OHP oder in Kopie) das Bild der Meister zunächst ohne Namensleiste. Fragen Sie: *Was könnte diese Leute verbinden? Wann muss/dürfte/kann das Foto entstanden sein? Welche Person ist Ihnen bekannt?* (Wdh.: Redemittel *Positionen im Raum darstellen*, Band B2/1, Einheit 7, S. 82.)
b) Weiterarbeit: *Aussagen kommentieren*. Die KT formulieren kurze Aussagen zu Personen, Themen oder Ereignissen und notieren diese auf Zetteln (z. B.: *Das Eigelb enthält mehr Eiweiß als das Weiße vom Ei. / Frauen haben in der Schweiz seit 1971 das Wahlrecht.).* Die Zettel wandern in einen Topf. Die Auswertung erfolgt in KG: Je ein KT zieht einen Zettel und liest die Aussage vor. Die KG kommentiert mit Hilfe der Redemittel.

2 Eine Kunstschule erobert die Welt a) b) c) d) oder

a) *globales LV**, Lesestrategien anwenden (Bilder und Überschriften einbeziehen), um Textinhalte schnell einschätzen zu können
b) Inhalte in einer Überschrift bündeln, *detailliertes LV**, Bauhaus kennenlernen, Wissen vertiefen
c) *selektives LV**
d) eine Grafik unter einer spezifischen Fragestellungen begutachten und verstehen

a) Bild, Grafik und Überschriften liefern Hinweise zur Beantwortung. Machen Sie eine enge Zeitvorgabe, sodass die KT den Text überfliegen. Die KT begründen ihre Entscheidung.
b) Diskussion potenzieller Überschriften in PA vor dem PL. Der Text bietet sich weniger für Gruppenaufteilung und das Lesen Abschnitt für Abschnitt an; die Bildung von Expertenteams

für einen speziellen Abschnitt ist jedoch möglich, d. h. alle lesen alles, die Überschrift und der Inhalt des Abschnittes werden aber in PA oder KG vor dem PL präsentiert. Der Artikel enthält komplexe Wörter und Wortverbindungen (*damalige Verhältnisse, obligatorisch, Synthese zwischen X und Y*, usw.). Hierzu können verschiedene Lernstrategien angewandt werden: *Ein Kreuzworträtsel selber bauen* (S. 123), *ein Lernplakat anfertigen* (S. 155), etc.
c) Die KT sollen nicht den gesamten Text erneut lesen, sondern nach spezifischen Aussagen im Text suchen (selektives Lesen). Geben Sie die Zeit vor.

3 Subjektiver Gebrauch der Modalverben: Vermutungen

Bauhaus-Produkte kennenlernen, Anwendung des subjektiven Gebrauchs der Modalverben

Die Arbeit in KG erhöht die Redeanteile. Bringen Sie Fotos von Gegenständen mit und erweitern Sie damit das Angebot der zu kommentierenden Produkte/Gegenstände.

Schwächere KT formulieren in PA schriftlich Minidialoge. Die Korrektur erfolgt in KG.

4 Projekt. Biografien erarbeiten oder oder

Recherchieren nach Vorgaben, Informationen für andere aufbereiten, d. h. Arbeitstechniken anwenden: auswählen, reduzieren, umschreiben, hervorheben, üben.

Machen Sie klare Zeitvorgaben. Legen Sie ggf. die Arbeitsform fest und weisen Sie auf potenzielle Präsentationsformen hin (z. B. Posterpräsentation und Podcast; Broschüre, Video, PPT, Vortrag). Ziel ist nicht nur die Recherche und das Sammeln von Informationen, sondern deren ansprechende Aufbereitung. Als Auswertungsmethode der Poster dient die *Galerie**.

3 Architektur von morgen – Innovation und Vision

1 Standards von morgen – dreifach ökologisch a) oder ➢ b) ➢

a) Annäherung an das Thema, Ideen sammeln, freies Sprechen, Fragen formulieren
b) *detailliertes LV**

a) Weisen Sie auf die Eigenschaften der Textsorte *Kommentar* hin bzw. lassen Sie die KT nach Überfliegen des Layouts und kurzer Lektüre diese selbstständig erarbeiten. *Kommentar: Appelltext, d. h. Meinungsbeitrag zu einem Thema. Die Autorin/der Autor wird namentlich genannt, bei Printmedien oft auch bildlich abgebildet. In Hörfunk und Fernsehen spricht die Autorin/der Autor den Kommentar oft selbst. Formen des Kommentars: Leitartikel, Glosse, Kolumne.*
Die KT schlagen das Wort *ökologisch* nach, um Ideen zu sammeln. Die Fragen müssen noch nicht beantwortet, lediglich verglichen werden. Halten Sie besonders interessante Fragen an der Tafel fest. Dies steuert die Leserichtung, da die KT den Kommentar ggf. unbewusst hinsichtlich eigener Fragestellungen lesen.
b) Die KT lesen den Kommentar im Detail, markieren jedoch die Stelle, an der die Bildzuordnung eindeutig ist. Die KT sollen sich darüber bewusst werden, dass Texte zur Lösung einer Aufgabe nicht immer vollständig gelesen werden müssen. Vermeiden Sie hier *Fokus auf Formen** und konzentrieren Sie sich ausschließlich auf die inhaltliche Seite.

2 Was passt? ➢

*selektives LV**, indirekte Vorbereitung auf den objektiven bzw. subjektiven Gebrauch von *sollen* und *wollen*

Die KT lesen nicht den gesamten Text, sondern scannen nach Schlüsselwörtern und markieren diese. Vermeiden Sie noch immer *Fokus auf Formen**.

3 Begriffe erklären

Wiederholung der Redemittel *Begriffe erklären* (S. 67), Textverstehen sichern

Die KT erweitern um weitere schwierige Wörter (*Fassade, Leichtbau, Vision, ...*).

4 Wortakzent in Fremdwörtern

a) b)

Wortakzent in Fremdwörtern

b) Die Akzentuierung von Fremdwörtern oder Internationalismen unterscheidet sich oft zu den Herkunftssprachen. Trotz ähnlichen Wortstammes oder Wortes ist der Wortakzent im Deutschen häufig anders. Regen Sie die KT an, ähnliche Fremdwörter ihrer Herkunftssprachen zu suchen und die Wortakzente zu vergleichen. Ergänzen Sie mit der Übung 1 aus Station 1, S. 50.

5 Zukunftsmusik?

*Ich-Anbindung**, interkultureller Vergleich, Austausch über Technik und Potenzial

Achten Sie darauf, dass die KT nicht nur berichten, sondern ihre Position erläutern und verteidigen. Die Antworten auf Frage 5.3 können auch grafisch festgehalten werden.

In kulturell heterogenen Gruppen bilden die KT nach Regionen KG und bereiten eine Präsentation zu den Fragen vor. In homogenen Gruppen bilden sich KG nach den unterschiedlichen Techniken.

6 Objektiver und subjektiver Gebrauch: *sollen* und *wollen*

a) b) oder

a) objektiven und subjektiven Gebrauch kennenlernen, Semantik von *sollen* verstehen
b) Sätze analysieren und diskutieren

a) Helfen Sie den KT, indem Sie nachfragen: *Welcher Sprecher hat Zweifel und gibt eine Behauptung wieder? Welcher Sprecher benennt eine konkrete Zielvorgabe?* Gehen Sie hier (noch) nicht im Detail auf die Regel zum subjektiven Gebrauch der Modalverben *sollen* und *wollen* ein.
b) Lassen Sie die KT ihre Entscheidung begründen.

b) Stärkere KT entwickeln eigene Beispiele, die subjektiven und objektiven Gebrauch kontrastieren. Machen Sie eine Vorgabe.

Rita soll sehr reich sein, habe ich gehört. → subjektiv, Wiedergabe einer Behauptung
X soll etwas haben bzw. sein, habe ich gehört.

Rita soll endlich mal für die Prüfung lernen. → objektiv, Auftrag wird formuliert
X soll (endlich/mal) Y tun.

7 Subjektiver Gebrauch von *sollen* und *wollen*

a) oder b)

a) Arbeit mit einer Lernergrammatik, mit Metasprache umgehen lernen, Informationen (zum subjektiven vs. objektiven Gebrauch) aus einem Text sammeln
b) Informationen aus a) auf Beispielsätze anwenden, Sätze gruppieren

a) Geben Sie den KT ausreichend Zeit zur Auseinandersetzung mit dem Auszug aus der Lernergrammatik. Fördern Sie den Austausch in PA oder KG. Die KT sammeln Informationen gemeinsam und halten sie stichpunktartig an der Tafel fest.

b) Nutzen Sie das Kärtchenset mit den Sätzen aus 3.2 und weiteren Beispielsätzen. Die KT ordnen die Kärtchen in die Tabelle und vergleichen. So kommt Bewegung in die Gruppe.

KV 2: Kärtchenset: Sätze zuordnen – subjektiver Gebrauch von Modalverben

4 Architektur und Klimawandel – ein Konzept

1 Klimawandel – was bedeutet dies für die Architektur? oder

Beschäftigung mit den Zusammenhängen zwischen Klimawandel und Architektur, über die Funktion von Architektur nachdenken, den subjektiven Gebrauch von Modalverben üben

Die Bilder können vergrößert an KG verteilt werden, jede KG diskutiert ein Bild und präsentiert ihre Ergebnisse im PL.

Die Bücher bleiben geschlossen; die KT diskutieren folgende Fragen in KG: *Welche klimatischen Herausforderungen muss sich der Mensch zurzeit und künftig stellen? Gibt es Klimaveränderungen? Welche Folgen könnte dies für die Architektur haben?* Fahren Sie mit Übung 2a fort.

In homogenen Gruppen können Klimaprobleme vor dem Hintergrund des eigenen Landes diskutiert werden. In kulturell heterogenen Gruppen besteht die Möglichkeit, eine Weltkarte mit Angaben zu klimatischen Herausforderungen zu erarbeiten.

2 Klimawandel – Lösungen schaffen a) b) c) oder

a) Ideen sammeln, Einstieg in das Thema „Architektonische Lösungen"
b) *detailliertes LV**; Funktion und Möglichkeiten eines Amphibienhauses kennenlernen
c) Diskussion, eigene Position wiedergeben und ggf. verteidigen

a) Lassen Sie Ideen in Stichwörtern sammeln. Machen Sie eine Zeitvorgabe.
b) Weisen Sie auf das Bild und den erklärenden Text hin. Die KT markieren notwendige Formulierungen, wichtige Verben und Nomen zur Beschreibung und beziehen dann diese ein.

a) Ideen in einer *Mindmap** sammeln und systematisieren

c) Schwächere KT halten ihre Position erst schriftlich fest und sammeln Argumente. Im Anschluss werden Gruppen gebildet.

3 Bauen auf dem Wasser – Zunkunftsmusik? a) b) c)

a) *selektives HV**
b) *detailliertes HV**; Notizen machen, Hypothesen überprüfen und ggf. korrigieren
c) *Fokus auf Formen**, Modalwörter kennenlernen und vertiefen

a) Stellen Sie vor dem Hören sicher, dass jede der drei Aussagen vollständig verstanden wurde.
b) Die KT bilden Hypothesen zu den Punkten. Fragen Sie: *Was könnte Kerner antworten? Handelt es sich um ein Zukunftsmodell? Wie viel Euro wird so ein Haus kosten?* Dadurch erfolgt hypothesengeleitetes, überprüfendes HV mit klarer Zielsetzung.
c) Lenkung des Fokus vom Inhaltlichen zur Form (*Fokus auf Formen**). Geben Sie Hinweise mit Beispielen, s. S. 211.

4 Architektur der Zukunft

Ideensammlung von Zukunftsprojekten der Architektur, freies Sprechen, Modalwörter anwenden

Schwächere KT sammeln Ideen schriftlich, der Fokus liegt auf dem Inhalt. Es folgt eine Überarbeitung der Aussagen hinsichtlich der Einbindung von Modalwörtern.

Wie ticken die Deutschen? 7

In der Einheit 7 sprechen die KT über Werte, Eigenschaften, Traditionen und Klischees, die sie mit Deutschen und Deutschland verbinden. Der Einstieg in die Einheit erfolgt über das Fotoprojekt „Deutschland eingefangen“.
Im Anschluss daran stellt das Interview zum Thema „Nationalstolz“ das Deutschlandbild aus der Innenperspektive dar. Dem „Durchschnittsdeutschen“ und dessen Rolle in der Gesellschaft ist die nachfolgende Sequenz gewidmet. In der anschließenden Schreibwerkstatt machen sich sie KT mit dem Aufbau der Textsorte *Erörterung* bekannt. Außerdem erhalten die KT die Möglichkeit, Strategien zur Entschlüsselung schwieriger Wörter kennenzulernen sowie die Regeln zur Bildung der indirekten Rede und der indirekten Fragesätze zu wiederholen und zu vertiefen. Die Einheit schließt mit einem Zeitungsartikel zum Thema „Individualität“ ab, der zum Nachdenken und Diskutieren anregt.

Textsorten

Zeitungsartikel *Deutschland eingefangen ... Fotoprojekt,* S. 76
Interview *Deutschland von innen ...*, S. 77
Internetartikel *Der König von Deutschland*, S. 79 f.
Grafik *Einstellungen der Deutschen*, S. 80, *Sinus-Milieus*, S. 83
Fachartikel *Soziale Milieus*, S. 82
Wikipedia-Eintrag *Individualität*, S. 84
Zeitungsartikel *Individualität ist für uns nicht so wichtig*, S. 84

Wortfelder/Sprachhandlungen/Routinen

Über „typisch deutsch“ und Deutschlandbilder sprechen, S. 77 f.
Darstellen, welches Bild man von einer Person/Sache hat, S. 78
Statistische Daten wiedergeben, S. 80

Grammatik

Wdh.: Konjunktiv I und II in der indirekten Rede, S. 78
Wdh.: indirekte Fragesätze, S. 79
Pronomenwechsel in der indirekten Rede, S. 78
Indirekte Rede: Zeitformen, Umgangssprache, S. 78

Phonetik

Zungenbrecher: Aussprache *ç*, *ʃ*, S. 79

Kompetenzfelder

Eine Grafik lesen und kommentieren, S. 80
Eine Erörterung schreiben, S. 81
Strategien zur Erschließung von Wörtern anwenden, S. 82
Projekt: Eine Ausstellung vorbereiten, S. 78

Testformat(e) – Prüfungsformate

Goethe-Zertifikat B2: Hörverstehen 2, S. 167
telc Deutsch B2: Hörverstehen 1, S. 173
telc Deutsch B2: Sprachbausteine 2, S. 174

1 Was ist schon typisch?

1 „Deutschland eingefangen“ ... Fotoprojekt a) b) c) d)

Einstimmung auf das Thema, Vorwissen aktivieren, Interesse wecken
a) Bildbeschreibung und -analyse, über Werte, Traditionen, Klischees sprechen
b) ein Bild auswählen und die Wahl begründen, Fotos untertiteln
c) Vermutungen über den Textinhalt anstellen, *detailliertes LV**
b) Fragen formulieren und beantworten

a) Als Einstieg ins Thema nutzen Sie die KV (online): Deutschland von außen. Die KT notieren in KG ihre Gedanken zu Eigenheiten, Werten und Traditionen in Deutschland. Die Auswertung erfolgt im PL. Halten Sie die Antworten zusammenfassend an der Tafel fest. Sprechen Sie das Thema „Klischees“ an. Vergewissern Sie sich, dass die KT den Begriff verstehen, indem Sie klischeehafte und neutrale Aussagen an die Tafel schreiben, die die KT unterscheiden sollen: *Die Deutschen sind pünktlich und diszipliniert. Die Deutschen stehen um 8 Uhr auf. Die Franzosen essen zum Frühstück Baguette und trinken Rotwein, die Deutschen essen ausschließlich Currywurst und trinken Bier. Mein deutscher Bekannter hat im Café ein Glas Bier bestellt.* Damit die KT die Klischees über Deutsche reflektieren und relativieren, lassen Sie sie darüber diskutieren, ob die Klischees *immer / in einigen Fällen / ab und zu* sogar der Realität entsprechen.

Sprechen Sie mit stärkeren KT über positive und negative Seiten der Klischees (*positiv*: sie helfen, Situationen einzuschätzen, erleichtern die Kommunikation mit Ausländern, sind eine Art Vorabinformation über das Land; *negativ*: Verallgemeinerung, Aufbau von Vorurteilen, führen oft zu Missverständnissen).

c) Vor dem Lesen: Schreiben Sie an die Tafel Zahlen und Wörter, denen die KT stichpunktartig Informationen aus dem Text zuordnen. Dies ermöglicht die bessere Orientierung im Text und hilft bei der Vorbereitung auf 1d. Mögliche Lösung:

19	→ Schülerinnen und Schüler
12b	→ Ernst-Moritz-Arndt-Gymnasium Gera
6 Monate	→ Ausstellung der Fotos in der Schule
Sommer 2011	→ Gäste aus den Partnerstädten
Finnland, die USA, Polen	→ Ausstellungsorte des Projekts
Saint Denis	→ aktueller Ausstellungsort
2012	→ weitere Stationen der Ausstellung: Pilsen und Arnheim

Stärkere Gruppen geben den Inhalt des Zeitungsausschnittes relativ frei und in PA wieder (Erhöhung der Redeanteile).

d) Fragen Sie die KT, wie sie das Zitat (Zeilen 24–29) verstehen.

Kopiervorlage (online): Deutschland von außen

2 Deutschland von innen

a) KG > EA > KG b) EA > KG c) PL

a) *selektives HV**
b) *detailliertes HV**, Informationen über das Thema „Nationalstolz in Deutschland" sammeln
c) seine Meinung zu den Aussagen anderer Personen äußern

a) Vor dem Hören: Erleichtern Sie das Hörverständnis, indem Sie mit den KT den Wortschatz zum Thema „Nationalstolz" erarbeiten. Die KT können sich dabei auf die Online-KV „Deutschland von außen" beziehen. Fragen Sie: *Worauf kann man stolz sein? Worauf sind Ihrer Meinung nach die Deutschen (nicht) stolz?* Notieren Sie ggf. Ideen an der Tafel.

b) Unterbrechen Sie die Höraufnahme nach jedem Interview, damit die KT Notizen machen können. Lassen Sie die Notizen in KG vergleichen und ergänzen. Diese können bei dem Meinungsaustausch in 2c helfen.

c) In schwächeren Gruppen erarbeitet jeder KT mit Hilfe des Transkriptes die Position einer ihm besonders interessant erscheinenden Person.

3 Deutschland von außen

PL > KG

Redemittel anwenden, über Deutschlandbilder sprechen, interkultureller Austausch

Weisen Sie die KT darauf hin, möglichst viele Redemittel beim Gespräch zu verwenden. Nach der Arbeit in KG diskutieren Sie im PL, welche Vorstellungen der anderen KT über Deutsche und Deutschland die KT besonders gewundert oder überrascht haben.

4 Wiedergeben, was eine andere Person sagt

a), b) PA > KG

a)Wdh.: Pronomenwechsel in der indirekten Rede
b) indirekte Rede in die direkte Rede umformulieren, Pronomenwechsel, Vorarbeit für 5b

a) Die Übung dient der Wiederholung und Vertiefung der indirekten Rede (s. Band B2/1, Einheit 7). Anhand von Beispielsätzen frischen die KT das Thema „Pronomenwechsel" auf. Nach der PA werden die Ergebnisse im PL verglichen.

b) Die KT bearbeiten die Übung schriftlich. Einige KT schreiben die Sätze an die Tafel.

5 Indirekte Rede – Wiederholung und Erweiterung a) ➢ b) bzw.

Wdh.: indirekte Rede
a) indirekte Rede erkennen, Startegietraining: Markieren (*SOS-Prinzip**)
b) Regelformulierung

a) Zeichnen Sie ggf. die Tabelle an die Tafel und lassen Sie sie die KT mit je einer Form indirekter Rede ergänzen. Weitere Übungen zum Gebrauch des Konjunktivs I finden Sie in den KV 1 und 2.

b) Weisen Sie darauf hin, dass die Regel mit der Nennung der Funktion der indirekten Rede beginnen soll.

b) Da es um eine Wiederholung des Grammatikthemas geht, können stärkere Gruppen die Regel selbständig bzw. in KG formulieren, indem sie Notizen zu jedem Punkt machen. Weitere Übungsmöglichkeiten zur Wiederholung der indirekten Rede und zum Gebrauch des Konjunktivs I bieten die KV 1/2.

Fassen Sie die Regel mit den KT zusammen und erweitern Sie sie durch einige Punkte. Vorschlag:

Funktion	→ Äußerung eines anderen wiedergeben; keine Garantie für den Inhalt; neutrale Position bzw. Distanzierung von der Äußerung
Anwendungsbereich	→ häufig in journalistischen Textsorten
Konjunktiv I vs. II	→ wenn Konj. I identisch mit Indikativ → Konj. II
Pronomenwechsel	→ + (Perspektivenwechsel)
Anführungszeichen	→ nein (keine wörtliche, sondern indirekte Rede)
Konjunktion	→ *dass* bzw. uneingeleiteter Nebensatz (ohne Konjunktion)
Fragesätze	→ Konjunktion *ob*
einleitende Verben	→ sagen, fragen, antworten, erwähnen, behaupten, erwidern, vermuten, berichten, betonen usw.
gesprochene Sprache	→ Konj. wird meist durch Indikativ ersetzt

Besprechen Sie den letzten Punkt erst nach der Aufgabe 6.

KV 1/2: Eine außergewöhnliche Geschichte

6 Indirekte Rede und Umgangssprache

Unterbrechen Sie die Aufnahme nach dem entsprechenden Satz. Fragen Sie, welche Form gebraucht wird.

Besprechen Sie mit den schwächeren KT, dass der Konjunktiv I in der Umgangssprache oft nicht verwendet wird. Lassen Sie die stärkeren KT vermuten, warum man den Indikativ dem Konjunktiv I in der gesprochenen Sprache vorzieht.

7 Projekt. Deutschland – eine Ausstellung im Kurs

Aspekte von „typisch deutsch" präsentieren

Lassen Sie die Projektergebnisse als Plakat, Wandzeitung oder Fotocollage präsentieren und im Raum aufhängen (*Galerie**). Neben der Vorstellung des Präsentationsobjektes begründen die KT im Unterricht, warum sie den ausgewählten Aspekt für „ typisch deutsch" halten. Besprechen Sie mit den KT im Vorfeld die Zeitvorgaben. Stellen Sie, wenn nötig, Literatur zur Verfügung bzw. geben Sie Hinweise auf Recherchemöglichkeiten.

2 Über den Durchschnittsdeutschen

1 Familie Müller oder: Wie ticken die Deutschen? a) b) c) d)

a)Vermutungen äußern, *detailliertes LV**
b) indirekte Fragen zum Thema „Der Durchschnittsdeutsche" formulieren
c) *detailliertes LV**, Hypothesen bilden, Hypothesen überprüfen, über Überraschendes sprechen
d) Aussprache üben

a) Die KT sehen sich erst das Titelbild der *Spiegel*-Ausgabe an und äußern ihre Vermutungen zu dem Thema. Klären Sie die Bedeutung der Begriffe *durchnittlich*, *im Durschnitt* und lassen Sie die KT dafür Beispiele suchen.

Erarbeiten Sie mit den KT bei geschlossenen Büchern ein *Assoziogramm**. Anschließend fertigen die KT in KG Notizen zu jedem Punkt an; bei der Diskussion beziehen die KT ggf. Punkt b) ein und stellen ihre Vermutungen im PL vor. Vorschlag:

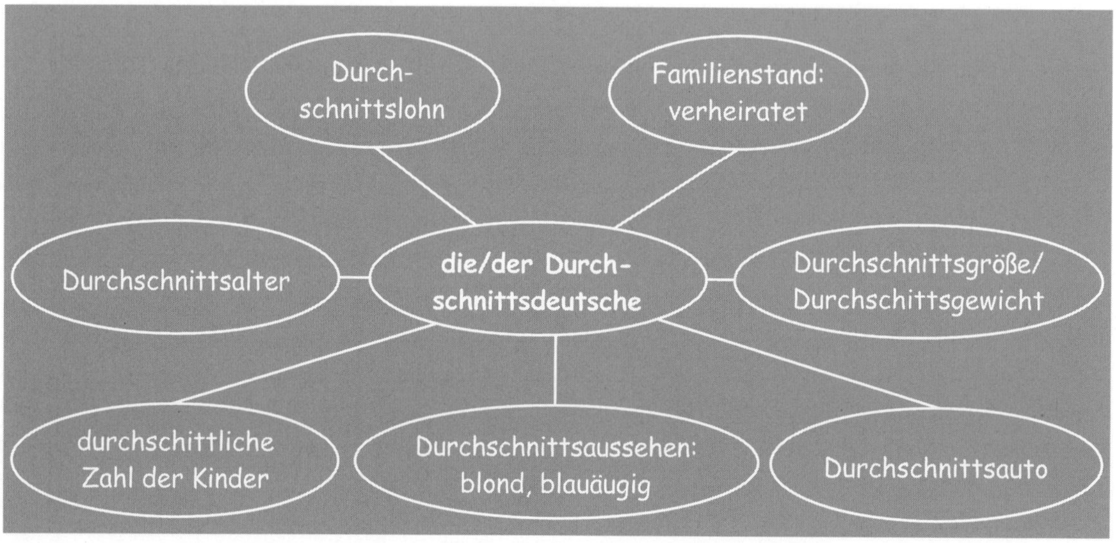

b) Lassen Sie die KT auf die indirekten Fragen im PL reagieren, damit sie weitere Hypothesen zu dem Durchschnittsdeutschen anstellen.

b) Vor der Übung: Wiederholen Sie in schwächeren Gruppen die Bildung der indirekten Fragesätze anhand eines anschaulischen Beispiels:

<u>Wie groß</u> ist der durchschnittliche deutsche Mann? →
Ich möchte gerne wissen, <u>wie groß</u> der durchschnittliche deutsche Mann ist.
Ist der durchschnittliche deutsche Mann 1,80 Meter groß?
Ich möchte gern wissen, <u>ob</u> der durchschnittliche deutsche Mann 1,80 Meter groß ist.

c) Vor dem Vergleich mit dem Lösungsschlüssel stellen 2–3 KT „ihre" deutsche Durchschnittsfamilie vor.

d) Lautschrift (IPA-Schrift) lesen können, Zungenbrecher

Die KT sollen nicht selbst die IPA-Schrift transkribieren, sondern verstehen, dass ihnen die IPA hilft, die Aussprache neuer Wörter eigenständig zu erarbeiten.
Der Fokus liegt auf der Aussprache von <ch, sch, tsch, ts, t, d> und den Stellungsvarianten (Auslautverhärtung von [d], Explosionsverlust von [t], [ç] nach [ʁ]).

Zungenbrecher selbst gemacht: Die KT sammeln aus Texten der Einheit oder anderer Einheiten weitere Wörter mit diesen Lauten, formulieren anschließend Sätze, in denen diese Wörter gehäuft vorkommen, und geben sie in der Gruppe weiter. Die Zungenbrecher werden laut vorgelesen. Beispiel: „Die Wirtschaft umschwärmt den wichtigsten Menschen, den wichtigsten Menschen umschwärmt die Wirtschaft." (Wörter aus Aufgabe 2, S. 80).

2 Herrscher über die Volkswirtschaft

a) ➢ b) c) / /

a) *detailliertes LV**, Informationen sammeln und ordnen, Aussagen umformulieren
b) den Inhalt des Textes mit eigenen Worten wiedergeben
c) interkultureller Austausch

a) Lassen Sie die KT die zu sammelnden Informationen verschriftlichen. Weisen Sie darauf hin, dass sie nicht die Sätze abschreiben, sondern den Hauptgedanken der Aussage verstehen und mit eigenen Worten wiedergeben sollen. Beschränken Sie den Umfang der Informationen auf max. zwei Sätze zu jedem Punkt. Die Auswertung erfolgt im PL.

Die KT lesen den ersten Absatz des Artikels. Stellen Sie die Fragen: *Existiert die Musterfamilie in Wirklichkeit? Warum ist die Musterfamilie eine Fiktion? Welche Rolle spielt dabei die Werbeagentur? Womit beschäftigt sich die Werbeagentur? Welches Verfahren wendet die Werbeagentur zur Ermittlung der Durchschnittsfamilie an?* In schwächeren Gruppen geben Sie Hilfestellungen zur Bedeutungsentschlüsselung, z. B. *werben: Werbung + die Agentur.*

b) Achten Sie darauf, dass die KT den Artikel nicht nacherzählen, sondern bei geschlossenen Büchern den Inhalt anhand der Notizen aus 2a wiedergeben.

c) Je nach Gruppenheterogenität finden sich die KT in E/PA/KG zusammen. Geben Sie Freiräume bei der Arbeit: Lassen Sie die KT selbst entscheiden, welche Aspekte sie bei der Beschreibung des Durchschnittsbürgers berücksichtigen möchten (*Alter, Beruf, Hobbys, Urlaubsziele, Wohnung, Aussehen,* usw.).

3 Was die Deutschen glauben

➢

Legen Sie gemeinsam mit den KT fest, welche Redemittel zur Wiedergabe des Themas, der Quelle und der Auswertung von Statistiken dienen. Ein stärkerer KT kann die Informationen zu Thema und Quelle kurz zusammenfassen. Lassen Sie die KT die Sätze zur Wiedergabe von statistischen Daten erst verschriftlichen.

Bringen Sie eine weitere Grafik zum Thema mit. Lassen Sie diese bzw. die im Lehrwerk vorgegebene Grafik erneut zu Hause – jetzt schriftlich – beschreiben.

3 Schreibwerkstatt: Erörterung

1 Zwei Formen der Erörterung: linear und dialektisch

➢

den Aufbau einer linearen und einer dialektischen Erörterung kennenlernen, Unterschiede zwischen den Erörterungsfomen bewusst machen

Klären Sie den Begriff *Erörterung* und deren Funktion (*Aufsatz, in dem Stellung zu einer Frage bzw. einem Problem genommen wird*). Die KT sehen sich die Grafik an und denken über den Unterschied der beiden Erörterungstypen nach (*linear: Sachverhalt ist vorgegeben und unstrittig, die Argumente bestätigen die Aussage der Fragestellung; dialektisch: die Fragestellung ist strittig, Darstellung verschiedener Positionen, Pro-/Contra-Argumente*).
Beziehen Sie ggf. Aufgabe 4 auf S. 81 ein: Fragen Sie die KT, welche Form – linear oder dialektisch – sie bei der Erörterung der Themen bevorzugen würden.

Stärkere Gruppen überfliegen den Aufsatz auf S. 170 f. im Übungsteil und entscheiden über die Erörterungsform. Lassen Sie die KT überlegen, welche Redemittel, Sätze oder Strukturelemente des Aufsatzes auf die Erörterungsform hinweisen.

2 „Der schwierige erste Satz" – eine gute Einleitung für die Erörterung finden a), b)

a) über eine „gute" Einleitung nachdenken
b) die Funktionen der Einleitung kennenlernen

a) Diskutieren Sie mit den KT, welche Fehler in den Einleitungen gemacht worden sind: 1. Beginn in der Ich-Form, Fehlen der Überleitung zum Argumentationsteil, Unklarheit der Fragestellung; 2. Der Verweis *dies* kann nur an einen vorangehenden Satz anknüpfen, das Argumentieren mit einem *Ja-Satz* sollte vermieden werden.

3 Textbausteine: Einleitung und Schluss

Redemittel für Einleitung und Schluss der Erörterung kennenlernen

Empfehlen Sie den KT, die Redemittel auswendig zu lernen. Wiederholen Sie zur Vorbereitung auf das Schreibprojekt gemeinsam die Redemittel für den Hauptteil (Einheit 3, S. 35).

Erstellen Sie eine Kopie nach dem vorgegebenen Muster in Übung 3, in der Textbausteine den Kategorien *Einleitung (E)*, *Hauptteil (H)* und *Schluss (S)* zugeordnet werden müssen.

Schwächere KT wählen nur die Redemittel aus, die sie leicht lernen können.

4 Schreibprojekt a) 1. 2.

eine Erörterung schreiben

Geben Sie den KT Tipps zum Verfassen einer Erörterung: Die KT sollen ihren Arbeitsprozess dokumentieren. Argumente müssen z. B. in kurzen Stichpunkten auf einem Zettel gesammelt und angeordnet werden (Orientierung an der Abbildung S. 81). Anschließend werden Stichpunkte für die Einleitung und dann für den Schluss gesammelt. Erst nach dem Sammeln aller Stichpunkte und deren visueller Anordnung beginnt die eigentliche Schreibarbeit.
Die KT üben das Schreiben erst im Unterricht („Probeerörterung"). Beschränken Sie die Zeit (10–15 Min.) und die Anzahl der Sätze (max. 7). Weisen Sie die KT darauf hin, den Textaufbau zu verfolgen und die Redemittel aus Punkt 3 einzubeziehen. Die KT tauschen in PA ihre Probeerörterungen aus und geben einander Hinweise. Einige KT lesen die Erörterung vor. Denkbar ist auch die Lektüre in Form einer *Galerie** mit 20-minütiger Lesepause.
Zu Hause arbeiten die KT ihre Erörterung aus und argumentieren ausführlicher (mind. 15 Sätze). Geben Sie den KT mindestens einen Tag Zeit. Danach erfolgt der erste Korrekturgang – Rechtschreibung/Grammatik sowie inhaltliche Korrektheit. Die KT bearbeiten die Erörterung noch einmal mit Rücksicht auf die Kommentare aus dem ersten Korrekturgang und geben die Arbeit in der Folgestunde ab. Achten Sie bei der Korrektur insbesondere auf das logische Argumentieren. Siehe dazu: *Korrekturverfahren**.

Ein weiteres Erörterungsthema und Hilfestellungen zur Gliederung bietet die KV (online).

KV (online): Schreibwerkstatt: Erörterung: Kinder und Internet – erlauben oder verbieten?

4 Milieulandschaft Deutschland

1 Schwierige Wörter entschlüsseln a) b) c)

a) *selektives LV**, Strategietraining: schwierige Wörter markieren, Strategien zur Entschlüsselung von Wortbedeutungen anwenden, über Strategien diskutieren
b) Strategien bewerten
c) Strategien anwenden

a) Sammeln Sie schwierigere Wörter an der Tafel.

a) Stellen Sie den Text bei geschlossenen Büchern auf einer OHP-Folie bzw. als Kopie vor, damit sich die KT von den im Punkt b) erwähnten Strategien nicht ablenken lassen.

b) Fragen Sie die KT, welche der Strategien sie am häufigsten gebrauchen, und ob sie diese als hilfsreich empfinden.

c) Die KT besprechen zu zweit die Strategien und ihre Anwendung und vergleichen die Ergebnisse im PL.

*Milieubegriff: Der Satz definiert den Begriff → Kontext bzw. Milieu → Internationalismus
*Lebensstil: das Leben + der Stil → 2 Wörter, deren Bedeutung bekannt ist.
*extern: 1. Internationalismus, 2. Kontext: Antonym zu „innere"
*Umstände/Gesinnung: eine andere Person/KL um eine Umschreibung bzw. ein Synonym bitten
*Werthaltungen: der Wert + die Haltung → 2 Wörter, deren Bedeutung bekannt ist
*umfassen: wichtig fürs Verständnis?
*Mentalität: Internationalismus
*Unterschicht/Oberschicht: unten → unter → die Unterschicht/oben → ober → die Oberschicht
*Grundorientierung/Neuorientierung: der Grund + die Orientierung/neu + die Orientierung
*Modernisierung/Individualisierung: Bestandteile von Internationalismen: modern, individuell

2 Was ist ein „soziales Milieu"?

*detailliertes LV**

Lassen Sie die KT bei der Auswertung im PL ggf. falsche Aussagen korrigieren.

Da der Begriff *soziales Milieu* abstrakt ist, bitten Sie stärkere KT, ihn noch einmal mit eigenen Worten zu erklären.

3 Die Sinus-Milieus in Deutschland

a), b), c) d)

a) einer Grafik Informationen entnehmen, *selektives HV**
b) *detailliertes HV**
c) auf Grundlage des Hörtextes Hypothesen bilden
d) Strategientraining: während des Hörens Notizen machen

a) Die KT sehen sich vor dem Hören die Grafik an, erläutern die dort enthaltenen Informationen (Thema, Quelle, Jahr) und beantworten die Fragen: *Welche Aspekte wurden bei der Entwicklung des Milieu-Modells berücksichtigt? Wie viele und welche Milieus unterscheidet man in Deutschland?* Weisen Sie darauf hin, dass sie beim ersten Hören nicht alles verstehen müssen, sondern lediglich die Schlüsselbegriffe, d.h. die Bezeichnungen für die gesellschaftlichen Gruppen. Nach dem Hören beschreiben die KT weitere Gruppen anhand der Informationen in der x- und y-Achse.

b) hypothesengeleitetes HV: Die KT bearbeiten die Zuordnungsübung vor dem zweiten Hören, während des Hörens überprüfen sie ihre Vermutungen.

b) Schwächere KT können im Transkript auf S. 223 f. mitlesen.

d) Die Notizen werden in PA verglichen und ergänzt und die Fragen auf dieser Grundlage vollständig beantwortet.

4 Kann man Milieus „sehen"?

Personen nach sozialer Lage und Grundorientierung beschreiben

Fördern Sie den aktiven Austausch durch die Arbeit in KG. Diskutieren Sie mit den KT, ob sich die Zugehörigkeit zu einem bestimmten sozialen Milieu immer mit Sicherheit feststellen lässt. Bitten Sie die KT, sich zu einem sozialen Milieu zuzuordnen und dies zu begründen.

Schwächere KT beschreiben in KG ein ihnen zugewiesenes Bild.

5 Was ist Individualität?

1 Definition: Individualität a) b)

a) Wortschatz aktivieren, seine Meinung äußern, über Individualität sprechen
b) *detailliertes LV**, Vermutungen überprüfen

a) Die KT tauschen sich in KG bei geschlossenen Büchern aus. Bei der Auswertung im PL halten Sie die Antworten an der Tafel stichpunktartig fest, damit die KT einen Gesamtblick auf das Thema erhalten.

Verteilen Sie Plakate und Buntstifte. Die KT gestalten Poster zum Thema „Wie sieht Individualität aus?" und geben den Bildern einen Titel, der ihre Vorstellung über Individualität widerspiegelt. Im PL werden die Bilder erläutert.

b) Mit Hilfe der in a) gesammelten Stichwörter vergleichen die KT ihr Verständnis von Individualität mit dem Begriff aus dem Wikipedia-Eintrag.

Plakate, Buntstifte

2 Was denken Zwillinge über Individualiät? a) b)

a) *detailliertes LV**, Stichwörter sammeln
b) Stellung nehmen, über Vor- und Nachteile sprechen

a) Nach dem Sammeln der Stichwörter fassen die KT Informationen zu den Punkten (in PA bzw. PL) zusammen. Um den Erfahrungsaustausch zu fördern, fragen Sie die KT nach dem Lesen: *Haben Sie Zwillinge unter Ihren Bekannten? Sind diese in ihrem Verhalten eher „individuell" oder stimmen ihre Vorstellungen mit denen von Matthias und Klemens überein?*

b) Stellen Sie einen *Ich-Bezug** durch die Frage her: *Ist Individualität für Sie wichtig?* Diskutieren Sie mit den KT darüber, in welchen Bereichen bzw. Berufen Individualität eine Rolle spielt.

Als motivierender Ausstieg aus der Einheit kann ein Plakat gestaltet werden. Schlagen Sie den KT vor, ihr eigenes Foto in die Mitte zu setzen und mit „Ich bin (nicht) individuell, weil ..." zu beschriften. Die KT entwickeln ihre Gedanken weiter und schreiben sie auf, z. B. ..., *weil ich Fallschirmspringen mag; ..., weil ich noch nicht Auto fahren kann* usw. Die KT versehen das Plakat mit Fotos bzw. Zeichnungen, sodass sie sich in der Folgestunde selbst vorstellen können.

Plakatpapier, Fotos

Straßen und Geschichte(n) 8

In der Einheit 8 sprechen die KT über Straßen, die in der Geschichte Europas eine wichtige Rolle spielten. Die erste Sequenz thematisiert die älteste Landverbindung zwischen Ost- und Westeuropa, die Via Regia. Im Anschluss daran setzen sich die KT mit einem Text über die Berliner Mauer auseinander. Die beiden Sequenzen dienen nicht nur der Vermittlung und Vertiefung landeskundlicher Informationen und regen zum aktiven interkulturellen Austausch an, sondern bieten auch die Möglichkeit, die Strategien *Notizen machen* und *Stichwörter markieren* zu trainieren. Auf Grundlage des Artikels „Handwerker auf der Walz“ und eines Textes aus einem Ausstellungskatalog werden der Relativpronomen und ihre Stellung im Satz sowie Präpositionen im Genitiv und Dativ als Orts- und Zeitangaben wiederholt, außerdem die Konjunktionen *sofern* und *indem* eingeführt. Des Weiteren werden Relativpronomen im Genitiv zum Zweck der Informationsverdichtung behandelt. Die Einheit schließt mit einer Recherche zu Marlene Dietrichs Lied „Ich hab’ noch einen Koffer in Berlin“.

Textsorten

Europakarte, S. 86 f. und Buchumschlag
Ausstellungsbeiträge *Die Via Regia*, S. 86 f.
Geschichtsbuch (Auszug), *Fluchtweg und Mahnmal …*, S. 88 f.
Zeitungsartikel *Handwerker auf der Walz*, S. 90
Radio-*Interview mit einem Gesellen auf der Walz*, S. 90
Ausstellungskatalog *Koffer: Symbole der Veränderung*, S. 92
Lied *M. Dietrich: Ich hab’ noch einen Koffer in Berlin*, S. 94

Wortfelder/Sprachhandlungen/Routinen

Über historische Ereignisse berichten, kommentieren, S. 89
Wortfelder *deutsche Teilung, Flucht, Mauer*, S. 89
Gegenstände beschreiben, S. 92

Grammatik

Wdh.: Reflexivpronomen, Präpositionaladverbien, S. 91
Präpositionen im Genitiv und Dativ, S. 91
Konjunktionen *indem* und *sofern*, S. 93
Relativpronomen im Genitiv, S. 93

Phonetik

Lautangleichung, S. 93
Aussprache individuell trainieren, S. 94

Kompetenzfelder

Hypothesen bilden und überprüfen, S. 86, 88 f., 90, 92
Stichwörter markieren, Notizen machen, S. 89
Wörter aus dem Kontext erschließen, S. 90

Testformat(e) – Prüfungsformate

Goethe-Zertifikat B2: Leseverstehen 2, S. 177
telc Deutsch B2: Hörverstehen 2, S. 178
telc Deutsch B2: Sprachbausteine 1, S. 182

1 Straßen, die verbinden – Via Regia

1 Die Via Regia – Kulturstraße des Europarates

Einstimmung auf das Thema, Vermutungen anstellen, Arbeit mit der Europakarte

Beziehen Sie zur Vorentlastung die Abbildungen und folgende Fragen ein: *Geht es um eine moderne oder historische Straße? Wozu dient(e) sie?* Lassen Sie die KT Zusammenhänge zwischen den Überschriften herstellen und Vermutungen zu dem Namen „Via Regia“ äußern.

Landeskunde
Die Via Regia als „Kulturstraße“ verbindet Städte, Regionen und Länder. Ziel des Programms „Kulturstraße des Europarates“ ist es, das Kulturerbe Europas zu erhalten sowie den Kulturtourismus innerhalb Europas zu fördern.

Landeskunde
Straßen mit dem Namen „Via Regia“ (lat.: königliche Straße, Königsweg) standen zu Zeiten des Heiligen Römischen Reichs Deutscher Nation unter dem Schutz des Königs, der Reisenden Straßenschutz gewährleistete.

2 Geschichte einer Straße = Geschichte Europas

a) ▸ b) / ▸

a) *selektives LV**, Strategietraining: wichtige Informationen markieren, Titel formulieren
b) Arbeit mit der Europakarte, eine Recherche zu Städten und Ländern durchführen

Lassen Sie die KT Informationen zu a) und b) in einer Tabelle zusammenfassen. Vorschlag:

	Was?	Wann?	Wo?	
			Stadt	Land
1	Entstehung des ersten Verkehrsweges: Via Regia	12. Jh.	Ost-West-Verbindung nach Osten in Richtung Elbe	Länder in Europa
2	Versorgung Reisender	ab 14. Jh.	u. a. Görlitz	Deutschland
3	Handelsbeziehungen	16. Jh.	Frankfurt a. M. – Leipzig – Krakau – Lemberg (Lwiw)	Deutschland – Polen – die Ukraine
...		...	....	....

b) Verweisen Sie die KT auf die offizielle Via-Regia-Seite (www.via-regia.org) und lassen Sie sie selbständig Informationen suchen. Geben Sie ggf. Hilfestellungen bei der Navigation (Die VIA-REGIA > Wegeverlauf Europa > zur Karte).

Bringen Sie eine Europakarte mit. Lassen Sie die KT die in den Texten erwähnten Städte auf der Karte finden und markieren. Die KT äußern Vermutungen über weitere Städte entlang der Via Regia, indem sie ihren Wegeverlauf im Schaukasten (ohne Städte) mit der Europakarte vergleichen. Informieren Sie sich im Vorfeld auf www.via-regia.org: Die VIA-REGIA > Wegeverlauf Europa > (z. B. Santiago de Compostela/Spanien; Bordeaux, Paris/Frankreich; Brügge, Liège/Belgien; Lublin/Polen; Brest/Weißrussland; Vilnius/Litauen; Smolensk/Russland). Damit die KT sich auf der Europakarte orientieren lernen und die geografischen Namen auf Deutsch üben, lassen Sie sie die markierten Städte auf die Route im Schaukasten übertragen.

3 Mit dem Audio-Guide in der Via-Regia-Ausstellung

*selektives HV**, Notizen machen

In stärkeren Gruppen nutzen Sie die Ausstellungsbeiträge aus dem Schaukasten als Basistexte. Die KT ergänzen sie während des Hörens um Notizen. Schwächere Gruppen ergänzen und korrigieren die Notizen in Übung 4, S. 178. Die Notizen werden in PA verglichen und im PL ausgewertet.

4 Historische Straßen, Handels- oder Kulturstraßen

interkultureller Austausch, Transfer der Redemittel

Die KT finden sich je nach Gruppenheterogenität in PA oder KG zusammen, um weitere Informationen zu sammeln. Falls die Vorkenntnisse über die historische Rolle anderer Straßen fehlen, legen Sie den Schwerpunkt auf die Gegenwart.

In besonders motivierten Gruppen schlagen Sie vor, die Recherche zu Hause fortzusetzen, und zwar zu Daten, Orten, Namen, geschichtlicher Entwicklung, gegenwärtigem Stand usw. Die Ergebnisse der Recherche werden in der nächsten Stunde in freier Form präsentiert.

5 Antike – Mittelalter – Neuzeit

über die Geschichte der Via Regia sprechen

Bestimmen Sie zunächst mit den KT die zeitlichen Grenzen jeder Epoche. Erklären Sie ggf. die Abkürzungen *v. Chr.* und *n. Chr.* Auf die Zuordnung der Texte in PA folgt die Auswertung im

PL. Lassen Sie anschließend einen KT über die Entwicklung der Via Regia auf Grundlage der Tabelle aus 2a bzw. der Zeitleiste erzählen.

Organisieren Sie ein Spiel *Was weiß ich über die Epochen?* Bringen Sie Plakate mit, auf denen ein Zeitstrahl abgebildet ist. Auf dem Zeitstrahl notieren die KT in 2–3 Mannschaften aufgeteilt, wodurch sich jede Epoche auszeichnet: Ereignisse, herausragende Persönlichkeiten, Nationen, Entdeckungen, usw. Die Gruppe mit den meisten Informationen gewinnt.

Plakate

2 Straßen, die trennen – Bernauer Straße, Berlin

1 Von Trennungen und Teilungen

a) b)

Vorarbeit für 2a
a) Strategientraining: mit Hilfe von Überschriften Erwartungen an ein Thema formulieren
b) Vorwissen aktivieren

a) Damit Bilder und Überschriften der folgenden Aufgabe die KT nicht ablenken, stellen Sie den Titel der Sequenz bei geschlossenen Büchern vor. Halten Sie drei Fragen an der Tafel fest und lassen Sie sie die KT beantworten bzw. Vermutungen dazu äußern und sie in 4 überprüfen.

b) Damit KT ohne Vorkenntnisse einen Einblick in das Thema gewinnen, erfolgt der Austausch zunächst in KG. Die Informationen werden gesammelt und stichpunktartig notiert. Im PL werden die Notizen an der Tafel ergänzt bzw. als *Assoziogramm** dargestellt.

Für schwächere Gruppen mit wenig landeskundlichen Vorkenntnissen nutzen Sie den Text zur Teilung Deutschlands in Übung 6, S. 179.

2 Eine ganz normale Straße

a) b) c) d)

a) mit Hilfe von Überschriften Erwartungen an einen Text formulieren, *detailliertes LV**, Hypothesen überprüfen, landeskundliche Informationen erhalten
b) Strategietraining: Stichwörter markieren, Notizen machen, Ereignisse chronologisch darstellen
c) eine Zusammenfassung schreiben
d) Stellung nehmen, Ereignisse kommentieren, Textbausteine verwenden

a) Falls in schwächeren Gruppen die Überschrift Verständnisschwierigkeiten bereitet, fordern Sie die KT auf, Strategien zur Bedeutungsentschlüsselung anzuwenden, bzw. arbeiten Sie mit Assoziationen (*Assoziogramm**). Die stärkeren KT helfen. Vorschlag:

a) Die KT lesen in 4er-Gruppen je einen Absatz und geben sich den Inhalt gegenseitig wider.

b) Rekapitulieren Sie mit den KT Strategien zur *Anfertigung von Notizen: nicht ganze Sätze abschreiben; auf Zahlen, Daten, Namen achten; Nominalstil verwenden.* Die KT arbeiten zunächst alleine. Anschließend vergleichen sie in KG ihre Markierungen, filtern die weniger wichtigen Informationen heraus und erarbeiten anhand ihrer Notizen den zeitlichen Ablauf.

c) Die KT stützen sich auf ihre Markierungen und Notizen aus 2a. Weisen Sie darauf hin, dass sie mit Hilfe der Textbausteine *über (historische) Ereignisse berichten* die Notizen zu einem zusammenhängenden Text verknüpfen können.

c) Die schwächeren Gruppen üben erneut die schriftliche Zusammenfassung zu Hause.

3 Mit Wortfeldern arbeiten

Lassen Sie die KT ein Wortnetz aus den Wortfeldern erstellen. Die KT schreiben je ein Wort an die Tafel und setzen es mit den Hauptbegriffen und den anderen Wörtern in Beziehung.

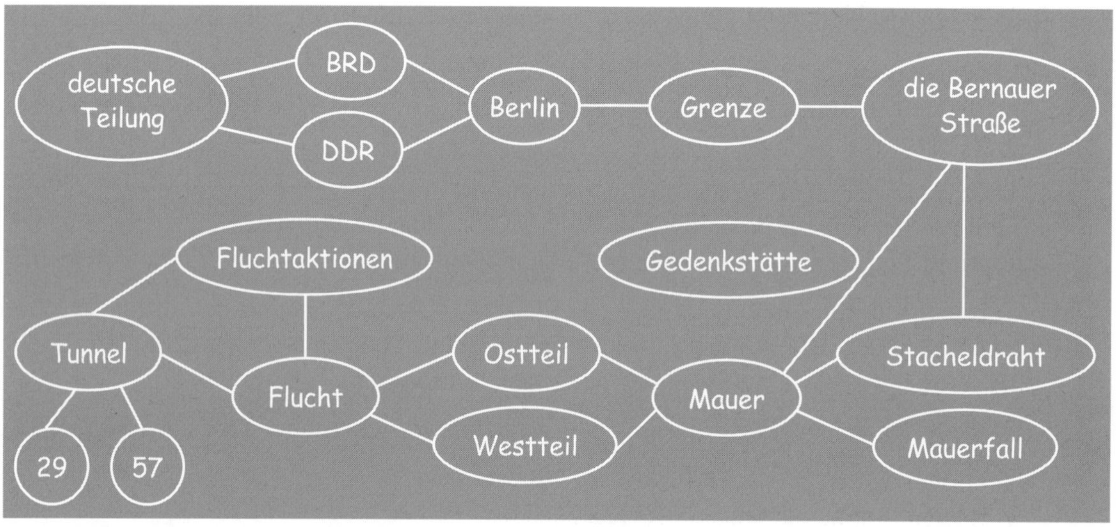

4 Fragen, Erwartungen, Informationsbedarf

Fragen formulieren und beantworten, Erwartungen überprüfen

Die aus 1a offen gebliebenen Fragen diskutieren Sie mit den KT im PL. Das Formulieren und Beantworten weiterer Fragen erfolgt in PA.

Schwächere KT halten die Fragen erst schriftlich fest.

5 Mauern in Berlin und anderswo

Informationen austauschen, über Mauern sprechen

Fragen Sie, welche Funktionen Mauern erfüllen (*vor Feinden schützen, Territorium abgrenzen, Touristenattraktion, Mauer als Gedenkstätte, Mauer als neues Weltwunder, zum Zweck der Besinnung, usw.*), und lassen Sie die KT weltberühmte Mauern nennen. Da die deutschen Bezeichnungen nicht allen bekannt sein werden, bietet sich eine Internetrecherche an.

Zur Vorbereitung auf das Projekt organisieren sich die KT in Gruppen, recherchieren nach einer berühmten Mauer und stellen die Ergebnisse in der nächsten Stunde als PPT/Wandzeitung vor.

3 Der Weg ist das Ziel

1 Handwerksgesellen auf der Walz a) ➢ b) ➢

a) LV-Vorentlastung, Vermutungen äußern
b) Einstimmung auf das Thema, Bildern Information entnehmen

a) Zur Äußerung ihrer Vermutungen sollten die KT die Konjunktiv-II-Formen mit Modalverben verwenden. Schreiben Sie ein paar Beispiele an die Tafel.

b) Zusätzliche Fragen helfen den KT, ihre Gedanken zu strukturieren: *1. Für welche Tätigkeit eignet sich Kleidung dieser Art, dieser Farbe und aus diesem Stoff besonders? 2. Die praktische Funktion der sechs Knöpfe besteht in ... 3. Die symbolische Funktion der Knöpfe besteht in ...*

2 Immer die Straße entlang

a) ➢ ➢ b) oder ➢

a) *globales LV**, Begriffe definieren
b) die eigene Meinung äußern, die Lektüre kommentieren

a) Entlasten Sie den Text bzw. die berufsspezifischen Begriffe mit Hilfe der KV 1/2 vor.
b) Die KT fertigen in KG eine Tabelle an: *Vorteile der Walz/Nachteile der Walz*. Die Argumente werden an der Tafel gesammelt.

KV 1/2: Handwerkstraditionen

3 Interview mit einem Gesellen auf der Walz

oder ➢

*selektives HV**, detaillierte Auseinandersetzung mit dem Thema

Vor dem Hören lesen die KT die Thesen und überlegen in KG, welche richtig sein könnten. Im PL begründen die Gruppen ihre Meinung.

Weitere Übungen zur Vorentlastung des HV finden Sie auf der KV 1/2.

KV 1/2: Handwerkstraditionen

4 *Sich bewegen, sich verhalten* – Reflexivpronomen

a), b), c) ➢

a) grammatische Textanalyse, Strategie: *Sammeln**, Regeln anhand von Beispielen herleiten
b) grammatische Regeln erkennen, Strategie: *Ordnen**
c) Regeln bestimmen und auf Texte anwenden (*SOS-Prinzip**)

a) Arbeiten Sie in Stationen, um Bewegung im Raum zu schaffen und die KT zu motivieren. An jeder Station liegt jeweils ein Textabschnitt von S. 86 f. und S. 88 f. Die KT schreiben die Sätze mit den Reflexivpronomen aus (Grundlage für c). Weisen sie darauf hin, dass die Arbeit an jeder Station anfangen kann und sich die KT möglichst gleichmäßig verteilen sollten. Es geht ausschließlich um die grammatische Analyse, planen Sie daher max. 15 Minuten ein.

b) Lassen Sie bei der Überprüfung der Ergebnisse im PL metasprachliche Begriffe wie *Konnektor* und *Akkusativergänzung* von den KT selbst erklären.

> **Konnektor:** für den Textzusammenhang wichtiges Verknüpfungselement
> **Akkusativergänzung:** Substantivgruppe, Pronomen oder Nebensatz, fungiert als Objekt im Satz und steht im Akkusativ.

c) Die Analyse der Sätze erfolgt selbstständig mit anschließender Besprechung in PA.

5 Ich kann mich nicht daran erinnern ...

*Automatisierung** grammatischer Strukturen

Lassen Sie die KT eigene Sätze mit dem neuen Wortschatz der Einheit formulieren. Dabei soll beachtet werden, dass Präpositionaladverbien bei Gegenständen und Personen auf verschiedene Weise formuliert werden.

> Erinnerst du dich <u>an den Text</u> über die Via Regia? – Ja, ich erinnere mich <u>daran</u>.
> Erinnerst du dich <u>an die Handwerker</u> auf der Walz? – Ja, ich erinnere mich <u>an sie</u>.

Schwächere KT können die Sätze zuerst aufschreiben und danach dem Partner vorlesen.

6 Präpositionen mit Genitiv und Dativ a) ➢ ➢ b) ➢

a) Beispiele mit Präpositionen analysieren, Kasus der Nomen bestimmen
b) Grammatische Textanalyse, Strategie: *Sammeln** (*SOS-Prinzip**)

a) Spiel: Nach der Analyse der Beispielsätze teilen Sie die KT in 2 bzw. 3 Gruppen ein. Die Bücher bleiben geschlossen. Jede Gruppe fertigt eine Tabelle *Lokale Präpositionen/Temporale Präpositionen* mit Wortverbindungen an (Zeitvorgabe: 15 Min.).
Auswertung: 1. Eine Gruppe zeigt ihr Beispiel auf dem Plakat und liest es vor. 2. Die KT überprüfen, ob die Wortverbindung grammatisch richtig ist. 3. Die anderen Gruppen geben an, ob sie dieselbe Präposition benutzt haben, und nennen ihre Beispiele.
Punkteverteilung: *10 Punkte* – das Beispiel ist grammatisch korrekt, keine andere Gruppe hat die Präposition genannt. *5 Punkte* (für jede Gruppe) – das Beispiel ist korrekt, mind. 2 Gruppen haben die Präposition genannt. *0 Punkte* – das Beispiel ist grammatisch nicht korrekt, unabhängig davon, ob die Präposition von anderen Gruppen genannt wurde.

b) Die Texte sollen nur überflogen werden, beschränken Sie dafür die Zeit.

b) Schwächere KT können zu zweit arbeiten und die Texte untereinander aufteilen. Stärkere Lerner beschäftigen sich mit beiden Texten.

Ⓜ für das Spiel: Stifte, DIN-A3-Blätter und Mittel zur Befestigung der Plakate an der Wand

7 Auf Wanderschaft a) ➢ b) oder ➢

a) interkultureller Vergleich, über das eigene Land bzw. D-A-CH berichten
b) eine Diskussion führen, jmdn. überzeugen, sich überzeugen lassen

a) Fragen Sie nach der Ausbildungsform von Handwerkern in D-A-CH und in den Heimatländern der KT (z. B.: *Goldschmied/in, Zimmermann* bzw. *-frau, Tischler/in, Bäcker/in*).
b) Weisen Sie darauf hin, dass die Walz auch im übertragenen Sinn verstanden werden kann, z. B. wenn ein/e Student/in ein Praktikum bzw. mehrere Praktika in verschiedenen Unternehmen im In- und Ausland absolviert, um Erfahrungen zu sammeln. *Gibt es ähnliche Modelle in anderen (nicht unbedingt handwerklichen) Berufen? Welche Dauer und welche Form hat dort „die Walz"?*

b) Bieten Sie zur schriftlichen Bearbeitung drei Themen zur Auswahl: *1. Passt die Walz noch in unsere Zeit? 2. Das ganze Leben ist eine Walz. 3. Moderne Formen der Walz.*

4 Reisebegleiter

1 „Aus dem Koffer" ➢

Einstimmung auf das Thema, Gegenstände und Personen beschreiben, schriftlicher Ausdruck

Jede Vermutung soll begründet werden, fordern Sie daher dazu auf, komplexe Sätze, z. B. Relativsätze, zu verwenden. Zeit: max. 10 Min.

PA: *Wie sieht mein eigener Koffer aus: Größe, Farbe, Marke, Besonderheiten?* Es folgt eine Diskussion im PL: *Inwieweit spiegelt der Koffer die Persönlichkeiten des Besitzers wider?*

Ⓟ *„Koffer à la mode"*. In KG wird eine Zielgruppe bestimmt, für sie ein Kofferdesign entwickelt und dieses im PL vorgestellt (Wdh. der Redemittel, S. 44). Zeitvorgabe: 5 Min. pro Präsentation. Alle KT sollen zu Wort kommen. Aus den Entwürfen kann eine *Galerie** gestaltet werden.

Ⓜ für das Projekt: DIN-A3-Papier, Buntstifte

2 Koffer berühmter Menschen

Vermutungen äußern, LV-Vorentlastung, mündlicher Ausdruck

Zwei Personen einer Gruppe wählen verschiedene Bilder aus. Die Ergebnisse aller Gruppen werden an der Tafel festgehalten.

*Ich-Anbindung**: Die KT erzählen in PA von einem Gegenstand, den sie immer auf Reisen mitnehmen. Im PL wird verglichen, dabei berichtet jeder KT über seinen Partner.

In PA haben die schwächeren KT keine Angst, vor der ganzen Lerngruppe zu sprechen, was sich motivationsfördernd auswirkt und ihren Redeanteil steigert. Die Stärkeren profitieren davon, dass sie in 2er-Gruppen mehr Zeit zum Sprechen haben als im PL.

3 Koffergeschichte(n)

a) b) c) d)

a) *globales LV**, vertiefte Auseinandersetzung mit dem Thema
b) *Inferieren**, *detailliertes LV**
c) LV-Überprüfung, eigene Gedanken zum Ausdruck bringen
d) Assoziationen aussprechen, über eigene Erfahrung berichten

a) Vor dem Lesen betrachten die KT die Bilder und überlegen, *1. aus welcher Zeit die Koffer stammen, 2. mit welchem Verkehrsmittel man sie transportieren konnte, 3. was die Vor- und Nachteile der Gepäckstücke sind.* Die Vorentlastung ermöglicht hypothesengeleitetes Lernen und erleichtert das Textverstehen.
b) Die KT lesen die Sätze mit dem jeweiligen Begriff vor. Es folgt die Erklärung und ein eigenes Satzbeispiel mit dem neuen Wort/der neuen Wortverbindung.
c) Die Fragen setzen voraus, dass die Antworten mit eigenen Worten formuliert werden.
d) Fertigen Sie gemeinsam ein *Assoziogramm** zu dem Wort *Koffer* an. Die KT können Beispiele aus dem eigenen oder dem Leben von Freunden anführen.

4 Sätze verbinden mit *indem* und *sofern* – modal oder konditional?

a) b)

a) grammatische Textanalyse, Strategie: *Sammeln**
b) die Funktion von Konjunktionen kennenlernen, Strategie: *Ordnen** (*SOS-Prinzip**)

a) Verdeutlichen Sie, dass *indem* und *sofern* Nebensätze einleiten (Verbstellung!).
b) Klären Sie unbekannte grammatische Begriffe wie z. B. *konditional* oder *modal.*

a) Die Aufgabe gibt jedem die Chance, in seiner eigenen Geschwindigkeit zu arbeiten.

5 Informationen verdichten: Relativpronomen im Genitiv

a) b)

a) Analyse des grammatischen Phänomens an Satzbeispielen, Strategie: *Ordnen** (*SOS-Prinzip**)
b) Semantisierung, grammatische Regel induktiv ergänzen

a) Lassen Sie die KT weitere Beispiele in den Texten auf S. 86 f. und S. 92 finden. Die KT arbeiten zu zweit und können die Texte untereinander verteilen.
b) Stellen Sie grammatische Begriffe zur Verfügung, mit denen die Lücken auszufüllen sind (z. B. *Demonstrativpronomen, Possessivpronomen, Subjekt, Genitivattribut*).

Spiel: *Satzball*: Die KT stehen im Kreis. Die erste Person nennt den Satzanfang und wirft den Ball einer anderen Person zu, die den Satz mit Hilfe von Relativpronomen im Genitiv fortsetzt. Die nächste Person ergänzt den Satz, evtl. mit noch einem Relativsatz. Ab der 3. Runde können zusätzlich die Konjunktionen *indem* und *sofern* verwendet werden.

M Handball für das Spiel

6 Schrankkoffer. Lautangleichung

Aussprache, Lautangleichungen

Hier geht es vor allem darum zu verdeutlichen, dass aufeinanderfolgende Laute sich gegenseitig in ihrer Aussprache beeinflussen, sei es durch Explosionsverlust wie bei „Diebstahl" [diːp˺ʃtaːl] oder Stimmlosigkeitsassimilation wie bei „Transportband" [tʁanspoɔʁt˺ b̥antʰ]. In Wörtern wie *Schrankkoffer* verschmilzt die Wortgrenze [ʃʁaŋkɔfɐ].
Diese Übung ist nicht ganz einfach, beharren Sie daher nicht auf richtig/falsch: Es geht in erster Linie um eine Sensibilisierung der Artikulationsorte. Regen Sie Ihre KT an, überdeutlich zu artikulieren und sich genau auf die Bewegung der Zunge zu konzentrieren: „weit auseinander" bedeutet, dass einer der Artikulationsorte weit hinten, oft am weichen Gaumen, liegt, wie bei [k, ʁ], während der andere weit vorne liegt, z. B. bei [t, d, m, b, v].

5 Ich hab' noch einen Koffer in Berlin

1 Weltbekannt

a) ➢ ➢ b) ➢ c)

a) eine deutsche Sängerin kennenlernen, über Emotionen und Gefühle sprechen
b) ein Lied interpretieren
c) *Ich-Anbindung**: über emotional besetzte Orte sprechen

a) Während des Hörens lesen die KT den Liedtext mit. Nach dem Hören werden Eindrücke gesammelt: *Hat das Lied gefallen – was und warum (nicht)?* Die KT analysieren Text und Melodie und versuchen, die Gefühle der Sängerin zu erkennen. Geben Sie einige *Gefühlsausdrücke* an.

hoffnungsvoll · empört · verzweifelt · fröhlich · ironisch · melancholisch

Lassen Sie den Landeskunde-Kasten erst im Anschluss an Aufgabe a) lesen. Tragen Sie zusammen, was die KT über *Marlene Dietrich, Hildegard Knef* und *Udo Lindenberg* wissen.
b) Die KT vervollständigen gemeinsam an der Tafel ein Assoziogramm zu dem Wort *Koffer*. Im Halbkreis entsteht dabei eine vertrauliche Atmosphäre und jede/r kann eigene Gedanken erläutern.
c) Die Lehrperson geht von Gruppe zu Gruppe und hilft bei Wortschatz-Problemen.

2 Einen Liedtext wiedergeben. Aussprache individuell trainieren

a, b), c) und d) ➢

individuelle Aussprache

Die KT sollen sich hier noch einmal zusammenfassend und individuell mit Aussprache und den eigenen Ausspracheschwierigkeiten beschäftigen. Dabei geht es auch darum, festzustellen, was man schon gut kann.
a) Die KT sollen individuell Ausspracheschwierigkeiten, aber vor allem auch -erfolge, sammeln und aufschreiben. Ergänzend sollten Beispiele hinzugefügt werden. Lassen Sie die KT persönliche, realistische Ziele für das weitere Lernen formulieren.
b) Das leise Mitsingen erleichtert die Aussprache, insbesondere die Artikulation, wohingegen der musikalische Rhythmus und Satz-/Wortakzent oft nicht mit dem gesprochenen übereinstimmt.
c) Erinnern Sie hier an Einheit 5, S. 63.

3 Recherche

oder ➢

eine Internetrecherche durchführen, sich mit landeskundlichen Aspekten beschäftigen

Verteilen Sie die Fragen bei schwächeren KT in KG. Stärkere KT recherchieren selbst. Überlassen Sie die Wahl der Arbeitsform den KT.

In der folgenden Sitzung erfolgt der Austausch zuerst in PA oder KG, anschließend im PL.

Station 2: Training für den Beruf

Die Station 2 beschäftigt sich im „Training für den Beruf“ mit Lob und Kritik. Der Einstieg erfolgt über eine Reflexion, was die Grundsätze von Kritik sein sollten. Anschließend wird über einen Ratgeber-Text „konstruktive Kritik“ erklärt und erarbeitet. Situationsbeispiele ermöglichen eine erste Anwendung. In der folgenden Sequenz wird unterschieden zwischen Loben und Kritisieren. Redemittel helfen, auf unsachliche Kritik zu reagieren. Das folgende Experteninterview erklärt, wie man lobt. Den Abschluss bildet ein kleines Experiment zum Thema.

Textsorten

Ratgeber-Text *Angriffe vermeiden – konstruktiv Kritik üben*, S. 96
Meinungsäußerungen *Lob und Kritik*, S. 97
Experteninterview *Gregor Wille*, S. 97

Wortfelder/Sprachhandlungen/Routinen

Loben und kritisieren, S. 96

Kompetenzfelder

Konstruktive Kritik üben, S. 96 f.
Loben und auf Lob reagieren, S. 97

1 Training für den Beruf

Nutzen Sie zur Vorentlastung der folgenden Sequenz die Situationsbeispiele aus der KV. Die KT sollen sich eine Situation auswählen und in eigenen Worten wiedergeben: Wer kritisiert? Wer wird kritisiert? Wie ist die Situation?

(M) KV 1: Kritik äußern

1 Leistungen und Ergebnisse besprechen a) und b) c) d)

Sensibilisierung für Kritik, *LV**, Formulieren von konstruktiver Kritik, Strategietraining: Markieren, Vergleichen und Definieren

a) Die KT erstellen implizit, ohne dass dies so benannt würde, mit Hilfe der Stichwörter eine erste Übersicht zu „konstruktiver Kritik“. Sie können dabei auch auf eigene Erfahrungen zurückgreifen bzw. die Situationen aus der KV einbeziehen.
b) Der Artikel dient der Überprüfung der eigenen Einschätzung aus a).
c) Aus dem Text heraus und mit Hilfe der in a) formulierten Grundsätze kann nun eine Definition erarbeitet werden. Lassen Sie die Aufgabe schriftlich lösen und vergleichen Sie anschließend im PL oder in KG.
d) Hier sind die Situation aus der KV sowie weitere zwei Situationen dargestellt. Die KT sollen eine konstruktive Kritik zuerst schriftlich erarbeiten und abschließend in KG ausprobieren. Konstruktiv Kritik zu üben ist nicht einfach, daher ist eine vertrauensvolle Atmosphäre im Kurs unbedingt notwendig.

2 Lob und Kritik

detailliertes HV*, Äußerungen einschätzen und begründen

a) Geben Sie den KT vor dem ersten Hören Zeit, um die Aussagen durchzulesen. Nach dem Hören können Sie die Aussagen auch laut vorlesen lassen.

Stärkere KT können die Aussagen auch so sprechen, dass sich durch Akzentverschiebungen oder eine Veränderung der Intonation Bedeutungsnuancen ergeben.

Um die Redeanteile Ihrer KT zu erhöhen, lassen Sie mit Hilfe der Redemittel Dialoge erstellen und sprechen.

3 Und wo bleibt das Lob?

a) oder b) und c) d) /

*detaillierte HV**, Diskutieren und *Ich-Bezug**, etwas aus dem Kontext erklären

a) Lassen Sie diese Aufgabe zuerst in PA bearbeiten. Die KT sollten dann im PL nur sagen und diskutieren müssen, was sie von sich selbst erzählen wollen.
b) und c) Nutzen Sie die Aussagen auch für weitere Aufgaben: Die KT können eine Aussage auswählen und schriftlich Stellung dazu beziehen. Sie können auch eine Pro-/Contra-Diskussion zu einzelnen Aussagen führen.
d) Sammeln Sie die Redemittel auf Kärtchen oder einem Plakat, sodass diese für alle im Kurs sichtbar sind.

4 Lobkarten – ein Experiment

Lob formulieren und personenbezogen verteilen, darüber sprechen

Sie können die Auswertung auch in KG durchführen lassen. Bei der Auswertung handelt es sich weniger um eine Diskussion als eher um einen Austausch von Eindrücken.

Je nach Kurs können Sie die KT auch Lobkarten für Freunde oder – etwas weniger persönlich – für Film- oder Musikstars entwerfen lassen. Dann entfällt die ich-bezogene Reflexion, und die Auswertung kann z. B. lauten: Fiel es Ihnen schwer, zu loben? Wie fühlen Sie sich, wenn Sie jemanden loben?

Kopiervorlagen und Tests

Fragebogen: Wünsche und Erwartungen

1 **Ich heiße** ....

2 **Ich komme aus** ....

3 **Ich lerne Deutsch seit** ....

4 **Was ich von meinem Lehrwerk studio – Die Mittelstufe erwarte:**

	☺	☺	😐	😕	☹
1. Interessante Themen					
2. Vielfältige landeskundliche Informationen					
3. Ansprechende Hörtexte					
4. Zahlreiche Sprech- und Diskussionsanlässe					
5. Text- und Textsortentraining					
6. Intensive Wortschatzarbeit					
7. Schreibtraining					
8. Wiederholung der Grammatik aus B2.1					
9. Umfangreiches Grammatiktraining					
10. Interessante Bilder					
11. Intensives Ausspracheprogramm					
12. Strategietraining (Lernen lernen)					
13. Effiziente Prüfungsvorbereitung					
14.					

5 **Was ich gut kann:**

1. Leseverstehen **2.** Hörverstehen **3.** Sprechen **4.** Schreiben

5. Aussprache **6.** Grammatik **7.** ....

6 **Was ich nicht so gut kann, aber unbedingt verbessern möchte:**

....

7 **Was ich besonders gern machen möchte:**

....

Historisches Präsens

1 **Überfliegen Sie den Text. Kreuzen Sie an, um welche Textsorte es sich hier handelt:**

a) ☐ eine Buchrezension,

b) ☐ ein Interview,

c) ☐ einen Beitrag über eine historische Person.

2 **Lesen Sie den Artikel gründlich. Markieren Sie im Text, welche Funktion das Präsens jeweils hat: 1. Präsens in der Beschreibung, 2. Präsens in der wörtlichen Rede, 3. historisches Präsens.**

Günther Wessel, Deutschlandradio 5.3.2012

Der bedeutendste Geograf und Kartograf seiner Zeit

Vor 500 Jahren wurde Gerhard Mercator geboren

Gerhard Mercator fertigte die besten Karten seiner Zeit und ließ sie zu Bänden zusammenbinden, die er *Atlas* nannte. Mit seiner neuartigen Art der Darstellung der Erdkugel auf einer Karte revolutionierte er die Kartografie und schuf eine Projektion, die heute noch von Seeleuten und Flugkapitänen angewandt wird.

„Jedes Kind in Feuerland weiß, was ein Atlas ist, aber jedes Kind auch in Grönland weiß, was ein Atlas ist – also, das ist ein Begriff, der weltweit bekannt ist", sagt Gernot Tromnau, ehemals Leiter des Duisburger Stadtmuseums und Vorsitzender der Mercator-Gesellschaft. Er steht in der Schatzkammer des Museums und im Halbdunkel glitzern die Globen und Kartenwerke, die Mercator als Atlanten bezeichnete und zusammenbinden ließ, in den Vitrinen.
„Der Name Atlas ist von Mercator geprägt. Aber es ist nicht der Gigant, der also das Himmelsgewölbe stützt, sondern es ist eigentlich dieser mythologische König aus Mauretanien mit dem Namen Atlas, der in der Antike lebte und der als allwissend galt. Und dem wollte Mercator nachstreben."
Gerhard Mercator, am 5. März 1512 als Gerhard De Kremer in Rupelmonde in Flandern geboren, Schulbesuch bei Augustinern, dann Student in Löwen. Er beginnt in der Werkstatt des Gelehrten Gemma Frisius mit der Herstellung von Erd- und Himmelsgloben, macht sich bald selbstständig, zieht um nach Antwerpen und veröffentlicht erfolgreich Globen und Karten.
1536 heiratet er die Bürgerstochter Barbara Schellekens. Sechs Kinder hat das Paar. Doch dann wird das Idyll erschüttert.

„Er ist ja 1544 in Rupelmonde eingekerkert worden, und zwar hat man ihn der Lutherei[1] verdächtigt. Das war damals die Inquisition, die die Leute einlochte[2], wo sie sie kriegen konnte."
Aber Mercator hat Fürsprecher, auch unter Katholiken, und kommt bald frei. Acht Jahre später verlässt er jedoch die Niederlande und zieht ins liberalere Duisburg.
Das 16. Jahrhundert ist das Jahrhundert der Entdeckungen. Seefahrer brauchen gute Karten, und jeder Kartograf hat dasselbe Problem: Wie bilde ich die Kugeloberfläche der Erde auf einer ebenen Fläche ab? Wegen der Erdkrümmung ist das nur eingeschränkt möglich. Auf den bislang verwendeten Karten treffen Breiten- und Längengrade nicht rechtwinklig aufeinander, und so müssen Seeleute auf ihnen den geraden Kompasskurs als gekrümmte Linie einzeichnen.
„Und dann wächst in ihm der Gedanke, er müsste doch eigentlich jetzt eine Karte herstellen, die den Navigatoren es möglich macht, mit dem Lineal wirklich den Kurs als gerade Linie abzusetzen."
Wilhelm Krücken hat sich als Mathematiker und Philosoph mehr als sein halbes Leben mit Mercators Denken beschäftigt.
„Das Unsterbliche an ihm ist tatsächlich die Mercator-Projektion."
Mercators Fast-Zeitgenosse, der englische Mathematiker und Kartograf Edward Wright, erklärt 1599, wie man sich diese Projektion vorzustellen habe: Man sehe die Erde als Luftballon an und stecke diesen Luftballon in einen Zylinder, sodass der Äquator genau die Wand berühre. Jetzt pumpe man den Ballon weiter auf, bis er überall auf die Wand träfe. Die Innenseite des Zylinders bilde nun eine Karte, die nur ausgerollt werden müsse.
Das Problem dabei: Je weiter man vom Äquator nach Norden und Süden geht, desto stärker muss man den Ballon aufpumpen, damit dieser die Zylinderwand berührt. Somit verändert sich der Maßstab kontinuierlich. Die Karte ist zwar winkelgetreu, aber eben nicht flächengetreu.
„Grönland ist auf einer Mercator-Karte genauso groß wie Afrika."
Real misst es nur etwa ein Vierzehntel. Aber: „Gauß hat 1842 bewiesen: Es ist unmöglich, die Erde sowohl längentreu als auch winkeltreu abzubilden."
Mercator ist sich des Problems bewusst und erklärt deshalb auf seiner 1569 veröffentlichten Weltkarte, der ersten in der neuen Projektion, wie sie und der wechselnde Maßstab zu lesen seien. Allerdings auf Latein – was nicht jeder Seefahrer versteht.
Trotzdem setzt sich ab Mitte des 17. Jahrhunderts die Mercator-Projektion in der Seefahrt durch. Auch heute noch navigieren Seeleute und Flugzeugkapitäne mit Karten, die so die Erde abbilden.
Gerhard Mercator stirbt am 2. Dezember 1594 in Duisburg als angesehener und reicher Mann. Sein Grabdenkmal in der Salvatorkirche zeigt ihn mit einem Globus in den Händen. Die Inschrift bezeichnet ihn als einen Mann, der wie Atlas das ganze Gewicht der Erde auf seinen Schultern getragen habe – nicht als den allwissenden König, sondern als den Titanen aus der griechischen Mythologie.

[1]jmdn. der Lutherei verdächtigen: jmdn. verdächtigen, ein Anhänger der Lehre Martin Luthers zu sein
[2]einlochen: ins Gefängnis bringen

Quelle: Deutschlandradio, Sendung „Kalenderblatt", 5. 3. 2012. www.dradio.de/dkultur/sendungen/kalenderblatt/1685981/
© Günther Wessel

Das Auto der Zukunft

1 **Ordnen Sie die Autoteile dem Bild zu. Die Fotos im Kursbuch auf S. 22–23 unten helfen Ihnen.**

der Blinker – die Windschutzscheibe – der Reifen – das Rad – das Rücklicht – der Scheinwerfer – das Lenkrad – der Außenspiegel – das Nummernschild – die Motorhaube – der Rückspiegel – der Kofferraum – die Antenne

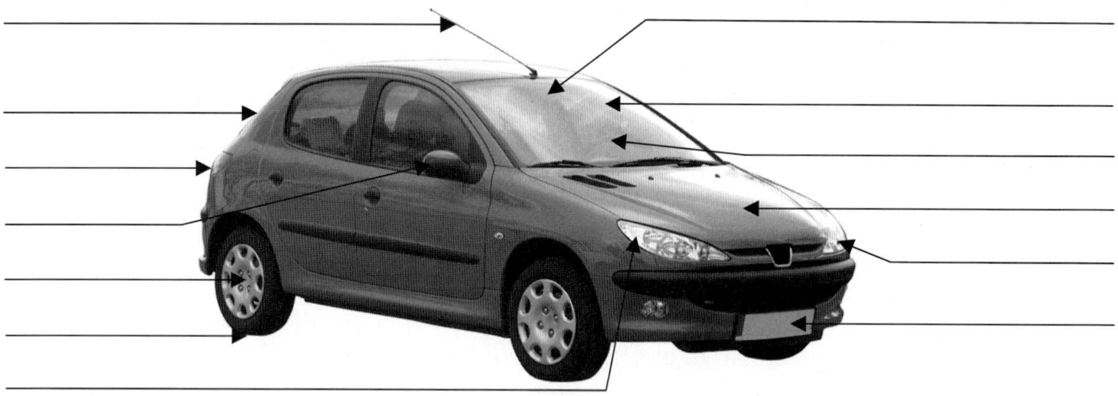

2 **Fragen Sie sich gegenseitig nach den Funktionen verschiedener Autoteile. Benutzen Sie folgende Redemittel:**

– Wozu wird … benutzt?
– Welche Funktion erfüllt …?
– Warum sind ... im Auto so wichtig?

\+ … wird benutzt, um … zu + *Infinitiv*
\+ … hilft/ermöglicht, … zu + *Infinitiv*
\+ … sind äußerst wichtig, weil …

3 **Was für Autos gibt es heute?**

a) Ordnen Sie die Wörter aus dem Kasten den entsprechenden Kategorien zu.

1 ~~kompakt~~ – der Kleinwagen – der Rapsöl-Kraftstoff – die Vollautomatik – die Limousine – handgelenkt – das Benzin – geräumig – mit dem Lenkrad – ohne Lenkrad (per Stimmerkennung) – der Diesel – computergesteuert – das Cabrio – die Elektrizität – der Kombiwagen – das Elektromobil – der Sportwagen – der Kraftstoff aus Müll – der Geländewagen

1. Autogröße: *kompakt, ...*
2. Wagentypen:
3. Steuerung:
4. Brennstoff:

b) Beschreiben Sie, welche Autos heute beliebt sind: in den USA, in Europa, in Ihrem Heimatland.

4 **Stellen Sie sich vor, Sie leiten mit einer Partnerin/einem Partner einen Autokonzern. Um mit der Konkurrenz mitzuhalten, müssen Sie schon heute ein Konzept für das Auto der Zukunft entwickeln. Welches Auto wird Ihr Unternehmen in zehn bis zwanzig Jahren herstellen? Berücksichtigen Sie heutige Tendenzen.**

Benzinmotor und Dieselmotor

1 **Lesen Sie den Chat-Beitrag und notieren Sie die Merkmale der beiden Motortypen in der Tabelle unten.**

Alexander S

Frage:
Was ist der Unterschied zwischen Benzinmotor und Dieselmotor?

Geli

Antwort:
Typisch für den Dieselmotor – der übrigens nach seinem Erfinder, Rudolf Diesel, benannt wurde – ist die sogenannte „Selbstzündung“, bei der sich das Luft-Diesel-Gemisch durch Kompression so stark aufheizt, dass es sich durch die hohe Temperatur selbst entzündet.
Der Ottomotor (er verdankt seinen Namen Nicolaus August Otto, dem Erfinder des ersten Benzinmotors) verwendet Benzin als Kraftstoff. Zur Zündung des Benzin-Luft-Gemisches benötigt er Zündkerzen, die einen Funken erzeugen („Fremdzündung“).
Der Anschaffungspreis des Diesels ist zwar in der Regel höher, dafür ist der Kraftstoffverbrauch aber niedriger, d. h. der Dieselmotor braucht weniger Treibstoff, um die gleiche Kraft wie ein Ottomotor zu erzeugen. Er ist daher sparsamer und insofern für „Vielfahrer“ interessant.
Dafür hat der Diesel einen entscheidenden Nachteil: Wenn die Motoren alt und schlecht gewartet sind oder noch kalt sind, erzeugen sie sehr viel Ruß, der die Umwelt stark belastet. Andererseits werden beim Benzinmotor mehr Kohlenmonoxid und Stickoxid ausgepufft.
Weitere Unterschiede fallen mir im Moment nicht ein ...

Dieselmotor	Benzinmotor

2 **Kennen Sie diese Fahrzeuge und Motorgeräte?**

a) Ordnen Sie die Wörter den Bildern zu.

die Schneeräummaschine – der Motorroller – der Rasenmäher – der Traktor – die Jacht

b) Welche dieser Maschinen, Geräte und Fahrzeuge haben Sie wann und wo schon einmal benutzt? Welche davon würden Sie zu welcher Gelegenheit gerne einmal benutzen?

Boxerin und Kindergärtner? – schriftlich Stellung nehmen

1 **Sind Männer und Frauen für jeden Beruf geeignet? Was meinen Sie? Sammeln Sie mit Hilfe der Artikel im Kursbuch auf S. 32/33 Argumente in einer Mindmap.**

2 **Ordnen Sie die Textbausteine in einer logischen Reihenfolge in die Tabelle.**

Daher kann man schlussfolgern – Dagegen spricht allerdings, dass .... – Besonders wichtig erscheint ... – Zusammenfassend lässt sich sagen, dass... – Im Folgenden setze ich mich mit dem Thema ... auseinander – Ich bin der Meinung, dass ... – Außerdem ist anzumerken ... – Ein wichtiges Argument dafür ist ...

	Textbausteine	Argumente
Einleitung		
Hauptteil		
Schluss		

3 **Ergänzen Sie in der dritten Spalte die Sätze mit Ihren Argumenten aus Aufgabe 1. Formulieren Sie mit Hilfe dieser Stichwörter zuerst mündlich, anschließend schriftlich.**

Messen

1 **Die Frankfurter Messe bietet folgende Messen an. Welche Produkte oder Dienstleistungen werden auf den jeweiligen Messen ausgestellt? Äußern Sie Ihre Vermutungen.**

2012 Veranstaltungen in Frankfurt am Main

Messen

Nr.	Datum	Messe
Januar		
1	11.01.–14.01.	Heimtextil
2	21.01.–22.01.	Trau Dich
3	27.01.–31.01.	Christmasworld
4	28.01.–31.01.	Creativeworld
5	28.01.–31.01.	Paperworld
Februar		
6	01.02.–02.02.	M-Days
7	10.02.–14.02.	Ambiente
März		
8	01.03.–04.03.	Land und Genuss
9	06.03.–08.03.	Facility Management
10	21.03.–24.03.	Musikmesse
11	21.03.–24.03.	Prolight+Sound
April		
12	30.03.–01.04.	Internationale Frankfurter Tattoo Convention
13	15.04.–20.04.	Light+Building
14	24.04.–25.04.	Email-Expo
15	24.04.–25.04.	Search-Expo
16	24.04.–25.04.	UX-Expo
Mai		
17	05.05.–09.05.	Texcare International
18	11.05.–12.05.	Einstieg Frankfurt
19	13.05.–14.05.	Hair&Beauty
20	22.05.–24.05.	Imex
21	22.05.–24.05.	SmartEnergyMarket SEM
22	22.05.–25.05.	Optatec
Juni		
23	01.06.–03.06.	Maintier
24	18.06.–22.06.	Achema
August		
25	24.08.–28.08.	Tendence
September		
26	11.09.–16.09.	Automechanika
27	24.09.–28.09.	European Photovoltaic Solar Energy Exhibition
Oktober		
28	10.10.–14.10.	Frankfurter Buchmesse
29	16.10.–18.10.	ID World
30	24.10.–25.10.	Cleanzone
31	25.10.–27.10.	Viscom
32	26.10.–28.10.	Marathonmall
33	30.10.–31.10.	Voice+IP
November		
34	03.11.–04.11.	Numismata
35	06.11.–08.11.	Airtec
36	13.11.–15.11.	Fi-Forum
37	13.11.–15.11.	Health Ingredients Europe
38	16.11.–17.11.	Azubi- und Studientage
39	16.11.–18.11.	Viva Touristika
40	27.11.–30.11.	Euromold
Dezember		
41	13.12.–16.12.	Ausstellung zum Reitturnier

2 **Die Frankfurter Messe ist eine Mehrbranchenmesse. Wodurch unterscheidet sich eine Mehrbranchenmesse von einer Fachmesse? Definieren Sie die Begriffe.**

3 **a) Recherchieren Sie im Internet über eine der Veranstaltungen zu folgenden Punkten: Wirtschaftszweig, Besucher (allgemeines Publikum/Fachbesucher), Aussteller, Produkte und Innovationen.**

b) Stellen Sie sich vor, Sie sind Aussteller auf dieser Messe. Erstellen Sie für die offizielle Messeseite einen Informationstext über Ihr Unternehmen. Erläutern Sie dabei folgende Aspekte:

- In welcher Branche ist Ihr Unternehmen tätig?
- Auf die Herstellung welcher Produkte ist Ihr Unternehmen spezialisiert?
- Wer sind Ihre potenziellen Kunden?
- Welches innovative Produkt präsentieren Sie auf der Messe?
- Wodurch zeichnet sich Ihr Produkt aus?

Produktbeschreibung

1 Fertigen Sie eine Produktbeschreibung zu den vorgegebenen Informationen an. Recherchieren Sie wenn nötig ähnliche Produktbeschreibungen im Internet.

Anmelden | Mein Benutzerkonto | Warenkorb | Hilfe

Startseite ▶ Bekleidung ▶ Damen ▶ Trekkingjacke

„Universum"-Outdoorjacke Damen

Details

Zweck: Allwetter

Schichten: 2-lagig (Außenschicht: 100 % Polyamid, luftdurchlässiges Material; Futter: Fleece)

Passform: tailliert

Extras: abnehmbare Kapuze, extralanger Frontreißverschluss, Klettverschluss am Handgelenk

Reißverschlusstaschen: 2 Seitentaschen, 1 Brusttasche, 1 Tasche am Ärmel

Belüftung: Reißverschlüsse unter den Armen

Funktion: wasserdicht, winddicht, atmungsaktiv

Sportarten: Wandern, Trekking, Nordic Walking

....

....

....

....

....

....

....

....

....

....

....

....

....

....

....

....

....

....

....

....

....

....

....

....

Produkteigenschaften – Adjektive

1 **Bilden Sie Adjektive. Manchmal sind mehrere Varianten möglich. Arbeiten Sie, wenn nötig, mit dem Wörterbuch.**

-fähig | -fest | -dicht | -bar | -freundlich | -frei

verstellen	....	Wind	....
Wasser	....	Benutzer	....
Kälte	....	Rost	....
tragen	....	strapazieren	....
Verbraucher	....	Schadstoff	....
heizen	....	Funktion	....
Falten	....	Haut	....
Kinder	....	Bruch	....
liefern	....	Frost	....

2 **Finden Sie die Adjektive zu den Nomen. Vergleichen Sie mit dem Wörterbuch.**

Funktionalität	....	Aktualität	....
Kombinierbarkeit	....	Leistungsfähigkeit	....
Luxus	....	Elastizität	....
Modernität	....	Robustheit	....

3 **Finden Sie ein Produkt, das möglichst viele der Eigenschaften aus 1 und 2 besitzt.**

Pfandflaschenrückgabe

1 **Ordnen Sie die Bilder in der richtigen Reihenfolge. Vergleichen Sie die Ergebnisse mit Ihrer Partnerin/Ihrem Partner.**

2 **Beschreiben Sie das System der Pfandflaschenrückgabe mit Hilfe der Bilder.**

3 **Wie funktioniert die Flaschenentsorgung in Ihrem Land? Sammeln Sie mindestens fünf Unterschiede zwischen der Flaschenentsorgung in Deutschland und in Ihrem Heimatland. Die Wörter helfen Ihnen. Schreiben Sie einen kurzen Text dazu.**

das Pfandgeld	der Kassenzettel	der Leergutautomat
die Einwegflasche	das Leergut	die Mehrwegflasche
der Supermarkt	das Joghurtglas	die PET-Flasche

....

....

....

....

....

....

....

....

....

....

....

....

....

....

....

....

....

....

....

Redemittelkärtchen: einen Begriff erklären

1 **Erklären Sie einen Begriff mit eigenen Worten. Bauen Sie in Ihre Erklärung die Redemittel auf den Kärtchen ein.**

Der Begriff … ist wie folgt zu verstehen: …	Unter dem Begriff ist im Allgemeinen … zu verstehen.	Unter dem Begriff ist grundsätzlich … zu verstehen.
Unter dem Begriff ist generell … zu verstehen.	Unter dem Begriff ist im Wesentlichen … zu verstehen.	Unter … versteht man …
Darunter versteht man …	Darunter fasst man …	Unter … fasst man …
… bedeutet so viel wie …	Ein(e) … ist etwas, das …	Der Begriff … umfasst …
Der Begriff beinhaltet …	Mit dem Begriff wird auf … angespielt.	In dem Begriff steckt …

Kärtchenset: Sätze zuordnen – subjektiver Gebrauch von Modalverben

1 **Legen Sie eine Tabelle an und ordnen Sie die Sätze 1–10 dort ein.**

Behauptung einer fremden Person über sich selbst	*Behauptung anderer über eine fremde Person / einen fremden Sachverhalt*

1. Lichtbeton soll ein neuer innovativer Baustoff sein.

2. Die Firma BASF will an der Entwicklung von Lichtbeton von Anfang an mitgewirkt haben.

3. Bis 2030 sollen knapp 60 % der Menschen in Städten leben.

4. Die Initative *Fraunhofer-Allianz Bau* will bereits erste Konzepte für die Urbanisierung gebündelt haben.

5. Am Institut für Leichtbau der Rheinisch-Westfälischen Technischen Hochschule Aachen sollen Klebeverbindungen analysiert werden.

6. Am Lehrstuhl für Bautechnik der Ruhr-Universität Bochum soll ein Forscherteam momentan intensiv Schädigungen im Beton untersuchen.

7. Die Bundesregierung will sich das Ziel gesetzt haben, bis 2030 bis zu 15 Prozent des notwendigen Stroms aus Windenergieleistung zu gewinnen.

8. Der erste deutsche Offshore-Windpark soll bereits 2010 in Betrieb gegangen sein.

9. Das Bundeskabinett soll die milliardenschweren Solarförderung um 20 bis knapp 30 Prozent gekürzt haben.

10. Die Bundesregierung will mit der Kürzung der Solarförderung ein Ausufern der Kosten für Verbraucher erreichen.

7 Wie ticken die Deutschen?

Eine außergewöhnliche Geschichte

1 Ein 24-jähriger Student aus Erfurt erzählt einem Lokalreporter seine Geschichte über die Entführung durch Außerirdische.

Ich habe eine sensationelle Nachricht für Sie, die Sie mir wahrscheinlich nicht glauben werden. Ich bin von Außerirdischen entführt worden! In meiner Nähe landete eine riesige fliegende Untertasse mit zwei hell leuchtenden Lichtern. Die Außerirdischen kamen auf mich zu und starrten mich mit ihren großen tiefschwarzen Augen an. Dabei erschrak ich mich so sehr, dass ich wie gelähmt war. Ich konnte mich einfach nicht mehr bewegen. Bevor ich doch noch reagieren konnte, packten sie mich an den Armen und schleppten mich in ihr Flugobjekt. Drinnen wurde ich plötzlich ohnmächtig.

Heute früh bin ich in meinem Bett aufgewacht, und jetzt weiß ich nicht mehr, wie ich dorthin gelangt bin. Vermutlich haben sie mit mir Experimente angestellt. Sie sollten die Bevölkerung vor den Außerirdischen warnen!

2 Die Nachrichtensprecherin von *PlusTV* berichtet über dieses außergewöhnliche Ereignis. Vervollständigen Sie ihren Bericht. Beachten Sie den sachlichen Stil der Berichterstattung sowie die Möglichkeiten der direkten und indirekten Rede.

Heute erreichte uns eine spektakuläre Meldung. Wie uns ein Reporter der *Thüringer Regionalzeitung* mitteilte, soll ein junger Erfurter von Außerirdischen entführt worden sein. Das Opfer der Außerirdischen behauptet, es sei …

3 **Rekonstruieren Sie anhand der Bilder die Ereignisse, die sich an diesem Abend tatsächlich zugetragen haben, und ergänzen Sie den Bericht.**

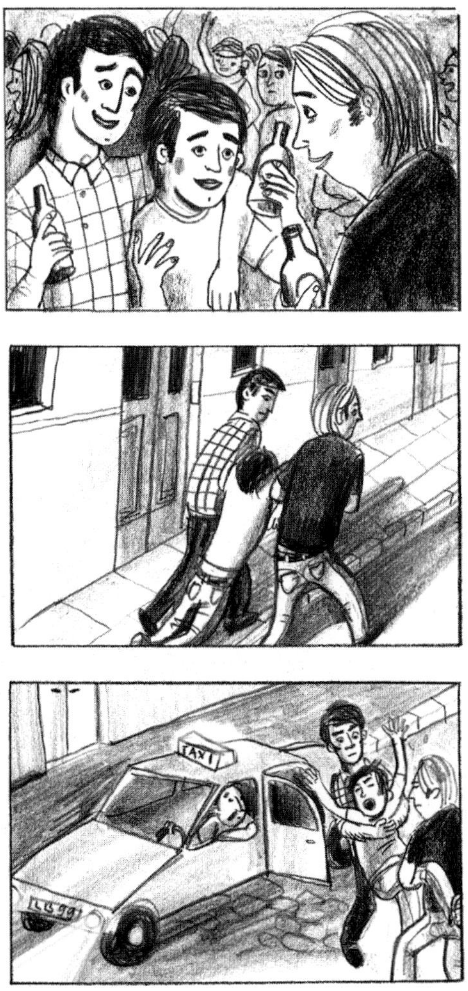

Wir haben eigene Recherchen durchgeführt und Zeugen befragt. Die Freunde, die an dem Abend mit Thomas Schimmer zusammen waren, geben an,
…

4 **Stellen Sie sich vor, Sie sind die Nachrichtensprecherin von *PlusTV*. Moderieren Sie die Nachricht über die Entführung durch Außerirdische. Sammeln Sie dazu Redemittel und Textbausteine.**

Handwerkstraditionen

1 **a) Die Kunst des Handwerks. Verbinden Sie die handwerklichen Tätigkeiten mit den Berufsbezeichnungen.**

Zimmermann/Zimmerfrau – Schreiner/in, Tischler/in – Änderungsschneider/in – Klempner/in – Goldschmied/in

a

b

c

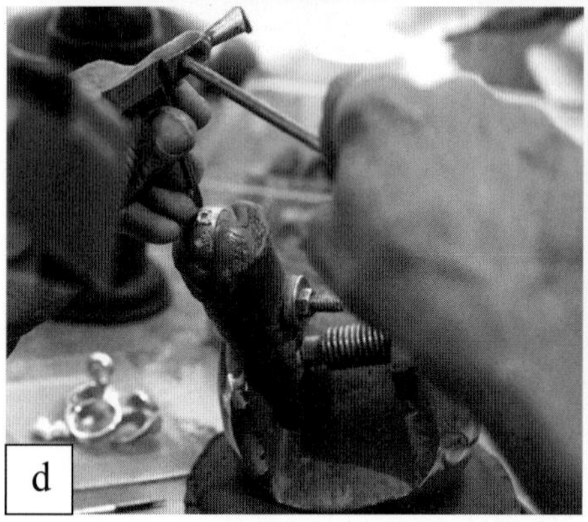
d

e

b) Was ist typisch für Handwerksberufe? Sammeln Sie Ideen.

....

....

....

....

....

2.26 **2** **Die Walz. Hören Sie den ersten Abschnitt des Interviews. Wie beschreibt Kai die alte handwerkliche Tradition? Machen Sie Notizen.**

Herkunftsland der Tradition: ....

Teilnehmer: ....

Dauer: ....

Orte: ....

Tätigkeit: ....

3 Die Ausrüstung auf der Walz

2.26

a) Hören Sie den nächsten Teil des Interviews und verbinden Sie die Fachbegriffe mit ihren Bedeutungen.

Fachbegriff	Bedeutung
der Stenz	das Hemd
die Kluft	der Stock
die Spon-Kluft	Arbeitsklamotten
die Staude	die Klufthose mit Zollstock
die Sponhose	die Kluft zum Reisen

b) Ordnen Sie die Begriffe dem Bild zu.

____

das Jackett

die Weste

_______________ /
____

____

____

4 Die Berufslaufbahn eines Handwerksgesellen. Hören Sie den letzten Teil des Interviews und machen Sie Notizen zur Laufbahn eines Handwerkers. Welche drei Etappen werden genannt?

2.26

3.
Tätigkeit: ....
Status: ....

2.
Tätigkeit: ....
Status: ....

1.
Tätigkeit: ....
Status: *die/der Auszubildende* ....

Der Eisbrecher in Präsentationen

1 **Erklären Sie in eigenen Worten und mit Hilfe des Fotos, was ein „Eisbrecher" in einer Präsentation ist.**

2 **Sammeln Sie Ideen für Eisbrecher in einer Präsentation und ergänzen Sie diese im Foto.**

3 **Sehen Sie sich die Zeichnungen an und beschreiben Sie die Situationen. Wie könnte hier das Eis gebrochen werden? Überlegen Sie sich gemeinsam weitere Situationen, in denen manchmal ein Eisbrecher nötig ist.**

Station 2 Training für den Beruf

Kritik äußern

1 **Sehen Sie sich die Situationen in Aufgabe 2 an und beschreiben Sie diese: Was passiert hier?**

2 **Wer kritisiert wen? Welche Kritik ist angemessen, welche finden Sie nicht passend? Begründen Sie.**

Linda Hahnel arbeitet in einer großen Bank und bedient täglich viele Kunden, darunter auch Geschäftsleute. In ihrem Unternehmen gibt es eine Kleiderordnung. Frau Hahnel, die Ausbildungsleiterin ist, nimmt die Kleiderordnung nicht so genau und kommt häufig in Jeans, T-Shirt und Turnschuhen.

Situation 1: Ihr Vorgesetzter bittet Frau Hahnel in sein Büro, um das Thema anzusprechen.

Chef: Frau Hahnel, Sie wissen doch, dass wir in unserer Bank bestimmte Gepflogenheiten haben, was die Kleidung betrifft. Warum ziehen Sie trotzdem immer wieder Jeans und Turnschuhe an? Das stört viele unserer Kunden.

Situation 2: In der Mitarbeiterbesprechung spricht der Chef Frau Hahnel plötzlich direkt an. Das Thema „Kleidung" stand nicht auf der Tagesordnung.

Chef: Ah, übrigens, was ich noch sagen wollte, es gab neulich wieder eine Beschwerde über Ihr Auftreten, Frau Hahnel. Ändern Sie das, sonst müssen wir Konsequenzen ziehen. Oder wollen Sie den Rest Ihres Lebens wie eine pubertierende Schülerin herumlaufen?

Situation 3: In der Mittagspause sitzen einige Auszubildende beieinander. Frau Hahnel kommt gerade zufällig am Tisch vorbei.

Azubi: Frau Hahnel, ich finde das ja cool, dass Sie so rumlaufen, aber vielleicht ziehen Sie statt der ollen Turnschuhe lieber hippe Sneakers an?

Situation 4: Eine befreundete Kollegin sitzt mit Frau Hahnel bei einem Kaffee.

Kollegin: Linda, meinst du nicht, dass es besser wäre, wenn du statt der Jeans mal einen Rock anziehst? Und schicke Schuhe dazu? Ich glaube, das würde dir super stehen!

Test

1 Extremsport

/2 P.

a) Lesen Sie den Text. Kreuzen Sie an, welche Überschrift passt.

1. ☐ Adrenalinkick mit Panoramablick **2.** ☐ Interesse an Extremsport steigt

Sobald das Wetter schöner wird, steigt das Interesse an Extremsportarten wie dem Bungee-Jumping. Das ursprünglich im südlichen Pazifik praktizierte Stammesritual erfreut sich heute weltweit großer Beliebtheit, vor allem bei jungen Menschen. Beim Bungee-Jumping springt man von Bauwerken wie Brücken oder Türmen, von Kränen, und sogar aus Helikoptern wird der Sprung inzwischen angeboten. Gesichert mit einem Gummiseil stürzt man kopfüber im freien Fall in die Tiefe, entweder allein oder zu zweit im Tandem. Verantwortungsvolle Veranstalter bieten den Sprung nur mit Seilen an, die einen Reiß- oder Überdehnschutz haben.
Auf der Absprungplattform können dem einen oder anderen beim Blick in den Abgrund schon die Knie weich werden. Nun heißt es, Nerven zeigen und sich mit gestreckten Armen vornüberfallen lassen. Belohnt wird man mit einem Panoramablick – und einer guten Portion Adrenalin. Ein sekundenschneller Fall mit bleibenden Erinnerungen.

b) Erklären Sie den Begriff „Bungee-Jumping" in einem Satz. /3 P.

....

....

c) Lesen Sie den Text noch einmal. Unterstreichen Sie im Schüttelkasten fünf Schlüsselwörter bzw. Wörterpaare. /5 P.

schönes Wetter, Brücke, Bauwerk, Gummiseil, Tiefe, freier Fall, Panoramablick, kopfüber, Arme, Veranstalter, Knie, Nerven, extrem, Absprungplattform, Adrenalin, Extremsport, Tandem, Interesse steigt, Erinnerungen, Leben, junge Menschen, Abgrund

d) Fassen Sie den Text mit Hilfe der Schlüsselwörter aus c) in zwei bis drei Sätzen zusammen. /10 P.

....

....

....

....

....

....

2 **Extrem oder ganz normal? Lesen Sie die Aussagen verschiedener Personen und formulieren Sie Ihre Reaktion darauf.** **/10 P.**

1. Ich habe letzten Monat an einem Flashmob teilgenommen. Mitten in der Stadt haben wir angefangen zu singen und zu tanzen. Das werde ich nie vergessen.

....

2. Eine Freundin von mir hat 25 Paar Schuhe, und zwar für jede Saison!

....

3. Ich habe meinem Freund einen Gutschein für einen Bungee-Sprung geschenkt: Von einer Brücke mit einem Gummiseil gesichert kopfüber in die Tiefe springen – Adrenalin pur!

....

4. Meine Nachbarn haben sieben Kinder, und die Frau ist wieder schwanger.

....

5. Gestern habe ich eine Sendung über einen Mann gesehen, der ungesichert auf hohe Gebäude klettert.

....

3 **Historisches Präsens. Zu welcher Situation passt die Verwendung des historischen Präsens nicht? Kreuzen Sie an.** **/2,5 P.**

☐ 1. Ein Wissenschaftler hält einen Vortrag über das Leben Ludwig II., in dem er ausgewählte Ereignisse sachlich darstellt.
☐ 2. Eine junge Frau schreibt in einem Internetforum über ihren ersten Bungee-Sprung und möchte ihre Erlebnisse den Lesern hautnah erlebbar machen.
☐ 3. Die Autorin einer Biografie über Prinzessin Diana möchte ihre Leser mit neuen Fakten faszinieren.

4 **Irreale Vergleiche. Lesen Sie die Sätze und ergänzen Sie die Lücken mit *als*, *als ob*, *als wenn* oder mit der richtigen Verbform.** **/7,5 P.**

1. Beim Bergsteigen hat man den Eindruck, ... man alles schaffen könnte.
2. Du siehst aus, als .... du seit Wochen nichts gegessen.
3. Beim Schwimmen fühlt man sich, als .... man schwerelos.
4. Es war ein Gefühl, ... wäre mir eine Last von den Schultern genommen worden.
5. Nach dem Unglück tat er so, ... nichts passiert wäre.

/40 P.

Test

1 Präpositionen *dank/wegen*. Lesen Sie die Sätze und ergänzen Sie *dank* oder *wegen*. /6 P.

1. .... der technischen Entwicklungen in der Videotelefonie muss man .... einer Besprechung nicht mehr um die halbe Welt fliegen.
2. .... des schlechten Wetters mussten viele Flüge gestrichen werden.
3. .... genauer Beobachtung der Natur konnte der Mensch biologische Vorbilder zur Lösung technischer Probleme nutzen.
4. .... der guten Ausrüstung haben wir während der Wanderung nicht gefroren.
5. .... der Zugverspätung können wir unsere Freunde nicht mehr treffen.

2 Etwas definieren. Was versteht man unter „Auto"? Formulieren Sie eine Definition. /3 P.

....

....

....

....

3 Die Entwicklung der Windkraftanlagen. Schreiben Sie mit Hilfe folgender Angaben einen kurzen Text zur Entwicklungsgeschichte stromerzeugender Windkraftanlagen. Schreiben Sie auf ein extra Blatt Papier. /10 P.

1891	Bau der ersten Windkraftanlage von Poul La Cour, Dänemark
bis 1908	Installation von 72 Windkraftanlagen zur Stromerzeugung in Dänemark
nach Erstem Weltkrieg	keine Weiterentwicklung wegen günstiger Treibstoffpreise
1920	Physiker Albert Betz entwickelt die Flügelform weiter
ab 1970er-J.	Aufschwung der Windkraftenergie in den USA
seit 1990er-J.	Baubeginn der modernen Anlagen in Deutschland
seit Beginn 21. Jh.	Bau der Offshore-Windparks

4 Passiv. Lesen Sie die Sätze und kreuzen Sie an: Aktiv oder Passiv?

/6 P.

	Aktiv	Passiv
1. Meine Schwester wird bald heiraten.		
2. Die Blumen müssen abgeholt werden.		
3. Ich würde jetzt so gern Urlaub machen!		
4. Dieses Buch muss unbedingt gelesen werden!		
5. Das Buch ist schon hundert Mal gelesen worden.		
6. Die Weltreise dauert drei Jahre und ist unbezahlbar!		

5 Passiversatzformen. Schreiben Sie die Sätze um.

/7,5 P.

1. Die Aufgabe kann nicht in drei Wochen erledigt werden. ➢ sein + zu + Infinitiv

....

2. Der Kundendienst kann 24 Stunden lang erreicht werden. ➢ sein + Adjektiv auf *-bar*

....

3. Dieses Kleid kann gereinigt werden. ➢ sich lassen + Infinitiv

....

4. Der Bau kann nicht finanziert werden. ➢ sein + zu + Infinitiv

....

5. Das Problem kann nicht gelöst werden. ➢ sein + Adjektiv auf *-bar*

....

6 Zustandspassiv. Formulieren Sie das Ergebnis der Handlung.

/7,5 P.

1. Ich habe das Brot schon geschnitten.

Das Brot ....

2. Ein Mitarbeiter hat das Patent schon angemeldet.

Das Patent ....

3. Meine Kollegin hat unser neues Produkt vorgestellt.

Das neue Produkt ....

4. Mein Vater hat mein Fahrrad repariert.

Das Fahrrad ....

5. Jemand hat das Fenster geschlossen.

Das Fenster ....

/40 P.

Test

1 **Etwas bewerten. Welches der vier Outfits spricht Sie am meisten an? Welche Kleidungsstücke würden Sie nicht anziehen? Begründen Sie.** **/8 P.**

....

....

....

....

....

....

....

....

....

2 **„es“ im Satz. In einigen Sätzen fehlt das Wort „es“. Korrigieren Sie, wenn nötig.** **/7 P.**

es
Beispiel: Heute ist sehr neblig.

1. *Heutzutage gibt viele Erziehungsmethoden.*
2. *Alleinerziehende Mütter haben nicht einfach.*
3. *Dieses Buch sieht aus, als müsste es gelesen werden.*
4. *Das Programm finde ich gut, an einigen Stellen muss allerdings überarbeitet werden.*
5. *Dass sich der Anteil an Frauen in Führungspositionen erhöht, finde ich absolut wichtig.*
6. *Es freut mich, dass Ihnen gut geht.*
7. *Man sollte eine Regenjacke anziehen, wenn es regnet.*

3 Negation durch Suffix oder Präfix. Ergänzen Sie Synonyme. /10 P.

Beispiel: nicht klar = *unklar*

1. ohne Sinn = ...
2. ohne Probleme = ...
3. falsch zu verstehen = ...
4. kein Erfolg = ...
5. nicht direkt = ...
6. nicht kompetent = ...
7. nicht anwesend = ...
8. keine Harmonie = ...
9. nicht attraktiv = ...
10. ohne Verantwortung = ...

4 Schriftlich Stellung nehmen. Lesen Sie den Artikel und nehmen Sie dazu Stellung. Überlegen Sie eine passende Einleitung, einen Hauptteil und einen Schluss. Fassen Sie am Ende Ihre Ergebnisse zusammen. /15 P.

Frauen in Führungspositionen unterrepräsentiert

Analysen des Deutschen Instituts für Wirtschaftsforschung (DIW) zufolge beträgt der Anteil von Frauen in Führungspositionen in der Privatwirtschaft weniger als 30 %, in den 200 größten Unternehmen lag er 2010 sogar bei unter 11 %. Dabei ist der Anteil hochqualifizierter Frauen deutlich höher. Damit Frauen mehr Chancen auf Führungspositionen haben, diskutiert die Bundesregierung nun die Einführung einer „Quote" und die Verpflichtung von Unternehmen, mehr Frauen in Führungspositionen einzustellen.

....

....

....

....

....

....

....

....

....

....

....

....

....

....

/40 P.

4 Standorte – Standpunkte

Test

1.13 **1 Hörverstehen. Hören Sie das Interview mit Gerd Weidenmann und notieren Sie vier von ihm genannte Argumente für einen Messebesuch.** /6 P.

1. ....
2. ....
3. ....
4. ....

2 Leseverstehen. Lesen Sie den Text und ergänzen Sie die Informationen. /8 P.

Leipziger Buchmesse

100 000 Bücher, davon 20 000 Neuerscheinungen, und ihre Autoren, Verleger sowie Leser stehen vom 15. bis 18. März 2012 im Mittelpunkt der Leipziger Buchmesse und von Europas größtem Lesefest „Leipzig liest". Erstmals registriert die Leipziger Buchmesse über 1000 Einzelstände, auf denen sich insgesamt 2071 Verlage aus 44 Ländern präsentieren. „Mit acht Prozent mehr Einzelausstellern verzeichnet die Leipziger Buchmesse so viele wie nie zuvor", erklärt Martin Buhl-Wagner, Sprecher der Geschäftsführung der Leipziger Messe. „Für die Verlage ist die Kombination aus Leipziger Buchmesse und ‚Leipzig liest' die wichtigste Marketingplattform in Deutschland, auf der sie ein breit gefächertes und literaturinteressiertes Publikum erleben. Entsprechend deutlich steigt auch die Anzahl der Mitwirkenden und Veranstaltungen auf Europas größtem Lesefest", so Buhl-Wagner.

Titel und Thema: ....

Ort und Zeit: ....

Zielgruppe: ....

Produkte: ....

3 Präpositionaladverbien. Ergänzen Sie Präpositionaladverbien oder Präpositionen und Fragepronomen. /7,5 P.

1. .... träumst du nachts?
2. Die Sache ist vorbei, ärgere dich nicht mehr ....
3. Diese Prüfung ist sehr wichtig. Hast du dich .... gut vorbereitet?
4. .... hast du gedacht? – An meine Frau, sie ist jetzt unterwegs.
5. Diese Stelle ist sehr interessant. Hast du dich schon .... beworben?

4 **Relativsätze. Ergänzen Sie die richtigen Pronomen oder Präpositionaladverbien.** | /7,5 P.

1. Für einen Messebesuch eignet sich alles, ... man im Internet finden kann.
2. Alle Artikel, ... Sie auf dieser Internetseite finden, sind urheberrechtlich geschützt.
3. Nicht alles, ... der Referent gesagt hat, war neu für uns.
4. Nichts, ... mein Sohn sich in den letzten Jahren beschäftigt hat, hat ihn beruflich weitergebracht.
5. Alle Kollegen, ... ich mich noch erinnern kann, sind inzwischen pensioniert.

5 **Verbindungsadverbien. Lesen Sie den Text über ein neues Produkt und ergänzen Sie *damit – dennoch – folglich – dazu – daher.*** | /5 P.

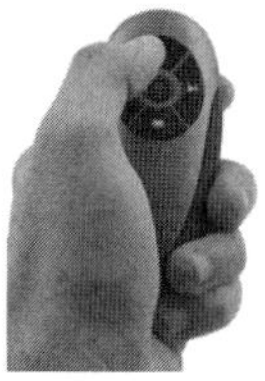

Der Presenter – ein smarter Helfer

Ob in der Universität oder in der Firma: Präsentationen stehen und fallen mit ihrer Lebendigkeit und der Fähigkeit, mit dem Publikum zu interagieren. ....[1] ist es wichtig, dass sich der Redner losgelöst von der Technik frei vor den Zuschauern bewegen kann. ....[2] eignet sich unser neues Produkt: der Presenter. Sie können ....[3] Präsentationen aus der Ferne steuern. Mit Ausnahme des Ein- und Ausschalters sind alle Tasten mit dem Daumen gut erreichbar und lassen eine flüssige Bedienung zu. ....[4] muss man beim Einschieben des Geräts in die eng anliegende Tasche etwas achtgeben, da hier schon mal unbeabsichtigt der Schalter in die hintere Position geschoben wird und damit eingeschaltet bleibt. Das Gerät liegt angenehm in der Hand und hat eine gute Reichweite. ....[5] ist es sehr zu empfehlen.

6 **Pronominale Ersetzung. Ergänzen Sie die Pronomen in der richtigen Form und Reihenfolge.** | /6 P.

1. Bringst du mir morgen das Buch mit? – Ja, ich bringe .... mit.
2. Schenkt dein Vater deiner Mutter wieder das Parfüm? – Ja, er schenkt .... jedes Jahr.
3. Schickst du uns bitte eine E-Mail? – Ich habe .... gerade geschickt.

/40 P.

5 Zeit spenden

Test

2.5 **1 Ehrenamt. Hören Sie das Radio-Feature zweimal und kreuzen Sie die richtigen Aussagen an.** /5 P.

1. ☐ 23 Prozent aller Deutschen sind ehrenamtlich engagiert.
2. ☐ Vera Neuhaus arbeitet hauptberuflich als Managerin in einem Unternehmen.
3. ☐ Einige Unternehmen bieten den Mitarbeitern Sozialpraktika an.
4. ☐ Ein absolviertes Sozialpraktikum garantiert einen beruflichen Aufstieg.
5. ☐ Vera Neuhaus ist durch die ehrenamtliche Arbeit geduldiger geworden.

2 Präpositionaladverbien. Schreiben Sie die richtigen Wörter in die Lücken. /5 P.

davon – darauf – dadurch – dafür – darum – damit – darüber

1. Wusstest du, dass die Berliner Philharmoniker in unsere Stadt kommen?
   – Nein, ... interessiere ich mich nicht.
2. Hast du dich schon auf diese Stelle beworben?
   – Nein, ... habe ich mich noch nicht beschäftigt.
3. Hast du deine Mutter angerufen? – Ach, ... sollte ich mich kümmern?
4. Bist du auf Diät? – Ja, meine Figur ist mir wichtig, ... achte ich sehr.
5. Gefällt dir die Idee? – Nein, ... bin ich nicht überzeugt.

3 Müssen oder nicht müssen? Schreiben Sie die Sätze mit *haben* + *zu* oder *nicht brauchen* + *zu* um. /9 P.

Beispiel: Du musst dich nicht umziehen. – *Du brauchst dich nicht umzuziehen.*

1. Mein Kind muss noch die Hausaufgaben machen.

   ....

2. Ich muss heute nicht mit dem Hund spazieren gehen.

   ....

3. Mein Sohn muss mir dabei helfen.

   ....

4. Unsere Enkelkinder müssen früh ins Bett gehen.

   ....

5. Heute muss man die Bewerbung nicht mehr immer per Post schicken.

   ....

6. Du musst endlich dein Zimmer aufräumen.

   ....

4 **Was wäre, wenn …? Konjunktiv II in irrealen Sätzen. Lesen Sie die Geschichte und ergänzen Sie den Text unten mit Konjunktiv II-Formen.** **/10 P.**

Gestern habe ich meinen Wecker nicht gehört und bin zu spät aufgestanden. Ich habe meinen Bus verpasst. Ich bin eine halbe Stunde zu spät ins Büro gekommen und habe einen wichtigen Kundentermin verpasst. Mein Chef hat alles bemerkt. An diesem Tag habe ich meinen Job verloren.

Hätte ich gestern meinen Wecker *gehört*, ...[1] ich nicht zu spät ....[2]. Ich ....[3] meinen Bus nicht ....[4]. Ich ....[5] nicht eine halbe Stunde zu spät ins Büro gekommen und ....[6] nicht einen wichtigen Kundentermin ....[7]. Mein Chef ....[8] nichts bemerkt. An diesem Tag ....[9] ich meinen Job nicht ....[10].

5 **Lesen Sie die Anzeige und schreiben Sie einer Freundin oder einem Freund, die bzw. der viel arbeitet und sich noch nie ehrenamtlich engagiert hat, eine E-Mail. Überzeugen Sie diese Person, sich an einem der Projekte zu beteiligen. Schreiben sie auf ein extra Blatt Papier.** **/11 P.**

/40 P.

6 Architektur

Test

2.13 **1** **Die Position einer anderen Person wiedergeben. Hören Sie den Radiokommentar von Wolf Kerner zum Thema „Bauen auf dem Wasser" zweimal. Welche Meinung vertritt er dazu? Notieren Sie.** /8 P.

1. Wolf Kerner vertritt die Auffassung, dass ....

....

....

2. Wolf Kerner ....

....

....

3. Kerner ....

....

....

4. ....

....

....

2 **Abkürzungen verstehen. Lesen Sie die Definition und ergänzen Sie in den Lücken die passenden Abkürzungen.** /5 P.

Jhs. v. a. z. B. etc. bzw. d. h. u. sog. v.

Dekonstruktivismus, der, - ; Stilrichtung, bei der in der Architektur Struktur und Form gleichzeitig einer Destruktion, ... [1] Demontage, und einer erneuten Konstruktion unterzogen werden. Die Harmonie einfacher geometrischer Körper (............ [2] Würfel, Zylinder, Kugel, Pyramide .... [3]) wird aufgelöst. D. ist gekennzeichnet durch den Zusammenstoß untersch. Materialien, Räume .... [4] Richtungen. Der Beginn des D. wird auf Ende der 70er-Jahre des 20. .... [5] mit Frank Gehrys Wohnhaus in Santa Monica (USA) datiert.

3 **Einen Begriff erklären. Erläutern Sie den Begriff „Dekonstruktivismus" mit eigenen Worten.** /4 P.

....

....

4 **Subjektiver Gebrauch der Modalverben. Lesen Sie die Sätze und streichen Sie das nicht passende Verb durch.** **/7,5 P.**

1. Das ist wahrscheinlich kein Problem. = Das dürfte/könnte kein Problem sein.
2. Mein Sohn ist jetzt bestimmt in der Schule. = Mein Sohn könnte/müsste jetzt in der Schule sein.
3. Ich bin mir ziemlich sicher, dass diese Häuser Gehry entworfen hat. = Gehry muss/müsste diese Häuser entworfen haben.
4. Es ist unmöglich, dass meine Frau um diese Uhrzeit noch im Büro ist. = Meine Frau kann/muss um diese Uhrzeit nicht mehr im Büro sein.
5. Maria ist wahrscheinlich wieder zu spät gekommen. = Maria dürfte/muss wieder zu spät gekommen sein.

5 **Subjektiver Gebrauch der Modalverben. Ergänzen Sie *wollen* und *sollen* in der richtigen Form.** **/9 P.**

1. Ich habe gehört, dass ein deutscher Politiker bei seiner Doktorarbeit abgeschrieben hat.

   Ein deutscher Politiker .... bei seiner Doktorarbeit abgeschrieben haben.
2. Gerüchten zufolge haben die Professoren davon nichts bemerkt.

   Die Professoren .... davon nichts bemerkt haben.
3. Der Politiker behauptet, dass er nicht absichtlich abgeschrieben hat.

   Der Politiker .... nicht absichtlich abgeschrieben haben.
4. In den Nachrichten wurde gesagt, dass der Politiker zurückgetreten ist.

   Der Politiker .... zurückgetreten sein.
5. Jemand hat erzählt, dass noch eine Politikerin für ihre Dissertation abgeschrieben hat.

   Noch eine Politikerin .... für ihre Dissertation abgeschrieben haben.
6. Und meine Kollegin hat erzählt, dass sie davon noch nie gehört hat.

   Meine Kollegin .... davon noch nie gehört haben.

6 **Modalpartikeln. Lesen Sie den Dialog und unterstreichen Sie die Modalpartikeln.** **/6,5 P.**

- • Hörst du mir eigentlich zu? Du hättest es ihm doch längst sagen müssen.
- ◦ Ja, schon. Aber er weiß es ja eigentlich.
- • Dann sag es ihm halt noch einmal.
- ◦ Er macht doch eh, was er will.
- • Genau deswegen solltest du mit ihm ruhig noch einmal sprechen. Versuch es doch einfach mal!
- ◦ In Ordnung … Dann spreche ich eben mit ihm.

/40 P.

7 Wie ticken die Deutschen?

Test

1 Pronomenwechsel bei der indirekten Rede. Lesen Sie die Sätze und ergänzen Sie die fehlenden Pronomen in der indirekten Rede. /7,5 P.

1. Anina sagt: „Mir hat die Ausstellung im Kunsthaus sehr gefallen."

   Anina sagt, ... habe die Ausstellung sehr gefallen.
2. Kurt und Anne stellten fest: „Niemand hat uns nach Martina gefragt."

   Kurt und Anne stellten fest, niemand habe .... nach Martina gefragt.
3. Michael erzählt: „Die Reise nach Deutschland habe ich sehr genossen."

   Michael erzählt, die Reise nach Deutschland habe .... sehr genossen.
4. Frau Krause erklärte: „Die Studentin hat mich mit ihrer Rede sehr überzeugt."

   Frau Krause erklärte, die Studentin habe .... mit ihrer Rede sehr überzeugt.
5. Herr Ludwig bemerkte: „Es geht mir nicht ums Geld."

   Herr Ludwig bemerkte, es ginge .... nicht ums Geld.

2 Indirekte Rede. Lesen Sie die Sätze und ergänzen Sie die Formen der indirekten Rede aus dem Kasten. /7 P.

habe, hätten, sei (2x), seien (2x), werde

1. Die Fotobeiträge .... [1] über einen Zeitraum von sechs Monaten in der Schule ausgestellt worden, so Frau Büttner, und .... [2] zahlreiche Diskussionen angeregt.
2. Ein Ende der Wanderschaft .... [3] nicht absehbar, freut sich Büttner: Pilsen in Tschechien und das niederländische Arnheim .... [4] weitere Stationen für das Jahr 2012.
3. Pascal ergänzt, dass er nicht einfach fotografiert, sondern mit vielen Leuten gesprochen .... [5].
4. Herr Hilbert behauptet, die Einstellung der Deutschen gegenüber deren Geschichte .... [6] sich in Zukunft nicht ändern.
5. Frau Demir fragte sich, ob sie Deutsche .... [7].

3 **Zeitformen der indirekten Rede. Lesen Sie die Sätze aus Aufgabe 2 und kreuzen Sie an, in welcher Zeitform sie stehen.** **/5 P.**

	Gegenwart	Vergangenheit	Zukunft
1.			
2.			
3.			
4.			
5.			

4 **Statistische Daten wiedergeben. Sehen Sie sich die Grafik an. Welche Ergebnisse finden Sie interessant? Werten Sie die Grafik aus.** **/8,5 P.**

Lieblingsgetränke der Deutschen

Pro-Kopf-Verbrauch im Jahr 2011

(in Litern)

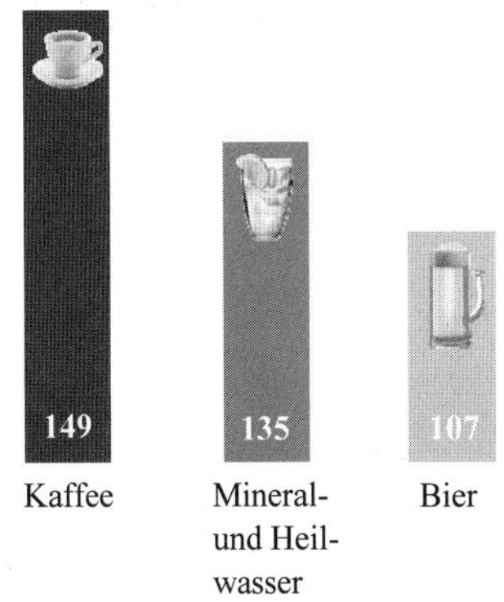

Quellen:
Kaffee: Deutscher Kaffeeverband
Wasser: Verband Deutscher Mineralbrunnen
Bier: Deutscher Brauer-Bund

5 **Eine Erörterung schreiben. Wählen Sie eines der Themen aus und schreiben Sie dazu eine Erörterung. Schreiben Sie auf ein extra Blatt Papier.** **/12 P.**

1. Sollte man weltweit auf Atomenergie verzichten?
2. Sollten sich alle Bürger ehrenamtlich engagieren?

/40 P.

8 Straßen und Geschichte(n)

Test

1 **Reflexivpronomen im Satz. Wo steht das Reflexivpronomen? Ergänzen Sie im Dativ oder Akkusativ an der richtigen Stelle im Satz.** /7,5 P.

1. *Es ist schwer, an alle historischen Ereignisse zu erinnern.*
2. *Ich wasche die Haare zweimal pro Woche.*
3. *Wie kann es sein, dass so viele Menschen an nichts mehr erinnern?*
4. *Überall in der Welt befinden Straßen mit einer interessanten Geschichte.*
5. *Es fällt vielen Vorgesetzten schwer, bei ihren Mitarbeitern zu entschuldigen.*

2 **Präpositionen mit Genitiv und Dativ. Ergänzen Sie die Sätze mit den Präpositionen aus dem Kasten.** /7,5 P.

innerhalb von, entlang, während, außerhalb, innerhalb

1. .... neun Monaten entsteht ein neues Leben.
2. .... der Hochsaison sind die Zeltplätze günstiger.
3. .... des Winters sollte man auf vereisten Straßen nicht mit dem Fahrrad fahren.
4. .... der Bernauer Straße konnte man früher nicht spazieren gehen.
5. .... kurzer Zeit war die Berliner Mauer errichtet.

3 **Sätze verbinden. Verbinden Sie die Sätze mit den Konnektoren *dadurch dass, indem, falls, sofern.*** /8 P.

1. Wir sind zehn Minuten zu spät am Check-in-Schalter angekommen. Wir konnten unsere Koffer nicht mehr aufgeben.

   ....

2. Du siehst uns nicht in der Menschenmenge. Ruf uns einfach an.

   ....

3. Dieses Problem kann man lösen. Man kauft einfach ein neues Programm.

   ....

4. Ihr verpasst den Zug. Ihr könnt den nächsten Zug nehmen.

   ....

4 Relativsätze im Genitiv. Ergänzen Sie die Relativpronomen. **/5 P.**

1. Die Straße, mit .... Geschichte ich mich auseinandergesetzt habe, liegt in Berlin.
2. Ich habe mich mit Personen unterhalten, ... Verwandte in Ostberlin geblieben sind.
3. Im Internet habe ich das Foto eines Hauses entdeckt, ... Fenster eingemauert wurden.
4. Ich habe mit einem Reiseführer gesprochen, ... Aufgabe es ist, den Touristen die Geschichte der Teilung Berlins zu erzählen.
5. Die Frau, an .... Name ich mich nicht mehr erinnern kann, war von den Schilderungen sehr beeindruckt.

5 Über Ereignisse sprechen und sie kommentieren. Berichten Sie von einem Ereignis aus Geschichte, Politik oder Umwelt in Ihrem Herkunftsland oder D-A-CH und kommentieren Sie es aus persönlicher Sicht. **/12 P.**

....

....

....

....

....

....

....

....

....

....

....

....

....

....

....

/40 P.

Lösungen zu den Tests

1 Echt extrem

1 a) 1
b) *Vorschlag*: Bungee-Jumping ist ein Extremsport, bei dem man durch ein Gummiseil gesichert von einer hohen Plattform kopfüber nach unten springt.
c) *Vorschlag*: 1. schönes Wetter – 2. Gummiseil – 3. Absprungplattform – 4. Panoramablick – 5. Extremsport
d) *Vorschlag*: Bei schönem Wetter ist Bungee-Jumping sehr beliebt. Das ist ein Extremsport, bei dem man mit einem Gummiseil gesichert von einer hohen Absprungplattform springt. Während des Sprungs wird man mit einem Panoramablick und unvergesslichen Erinnerungen belohnt.

2 *Freie Reaktionen, z. B.*: 1. Wie man so was machen kann, verstehe ich nicht. – 2. Also, ich finde das absolut übertrieben. 3. Toll, das wollte ich auch schon immer mal machen. – 4. Ich finde, das ist ganz normal – Kinder bringen Glück! – 5. Wer so was macht, kann einem nur leidtun.

3 1

4 1. als ob/als wenn – 2. hättest – 3. wäre – 4. als – 5. als ob/als wenn

2 Natur und Technik

1 1. dank, wegen – 2. wegen – 3. dank – 4. dank – 5. wegen

2 *Vorschlag*: Unter „Auto“ versteht man ein motorisiertes Fahrzeug mit meist vier Rädern, das dem Transport von Personen dient.

3 *Vorschlag*: Die erste Windkraftanlage wurde 1891 von Poul La Cour in Dänemark gebaut. Ein paar Jahre später, im Jahr 1908, waren in Dänemark schon 72 Windkraftanlagen zur Stromerzeugung installiert. Da nach dem Ersten Weltkrieg andere Treibstoffe günstig waren, entwickelte sich die Windkraftindustrie nicht weiter, bis 1920 der Physiker Albert Benz die Flügelform weiterentwickelte. In den 70er-Jahren des 20. Jahrhundert erlebte die Windkraftenergie einen Aufschwung in den USA. Die modernen Anlagen zur Windenergieerzeugung wurden zuerst in Deutschland gebaut. Mit dem Bau der Offshore-Windparks hat man im 21. Jahrhundert begonnen und arbeitet bis heute an ihrem Ausbau.

4 *Aktiv*: 1, 3, 6 – *Passiv*: 2, 4, 5

5 1. Die Aufgabe ist nicht in drei Wochen zu erledigen. – 2. Der Kundendienst ist 24 Stunden lang erreichbar. – 3. Dieses Kleid lässt sich reinigen. – 4. Der Bau ist nicht zu finanzieren. – 5. Das Problem ist nicht lösbar/unlösbar.

6 1. Das Brot ist geschnitten. – 2. Das Patent ist angemeldet. – 3. Das neue Produkt ist vorgestellt. – 4. Das Fahrrad ist repariert. – 5. Das Fenster ist geschlossen.

3 Leben – Leute – Lifestyle

1 *Vorschlag*: Am meisten gefällt mir der Anzug, er ist schick. Anzüge stehen mir gut. Ich würde aber nie eine gestreifte Hose tragen, das wäre mir viel zu auffällig. / Am besten gefallen mir blaue Jeans kombiniert mit einem T-Shirt. Das kann man immer tragen.

2 1. gibt es – 2. haben es – 3. / – 4. muss es – 5. / – 6. dass es – 7. /

3 1. sinnlos – 2. problemlos – 3. missverständlich – 4. erfolglos – 5. indirekt – 6. inkompetent – 7. abwesend – 8. Disharmonie – 9. unattraktiv – 10. verantwortungslos

4 *Vorschlag*: Im Folgenden setze ich mich mit dem Thema „Frauen in Führungspositionen“ auseinander. Dabei stellt sich die Frage, warum Frauen auf Führungspositionen deutlich unterrepräsentiert sind. Für mehr Frauen in Führungspositionen spricht die Tatsache, dass sie genauso gut wie Männer ein Unternehmen leiten können. Es stellt sich die Frage, wie sich diese Situation ändern lässt, und ob hierfür die Einführung einer Frauenquote auf der politischen Ebene die richtige Lösung wäre. Für die

Frauenquote spricht, dass Unternehmen gezwungen wären, sich mehr mit weiblichen Bewerberinnen für bestimmte Führungspositionen auseinanderzusetzen. Außerdem könnte eine Quote viele Frauen ermutigen, sich auf solche Positionen zu bewerben und in der eigenen Karriere mehr Chancen zu entdecken. Nicht zuletzt spielt die Notwendigkeit der Chancengleichheit für Frauen und Männer eine große Rolle. Ein Gegenargument ist das Ergebnis: Hat man die Stelle bekommen, weil man dafür am besten qualifiziert ist oder weil man eine Frau ist? Ein weiteres Argument dagegen ist, dass Familie und Kinder schwer mit einer Karriere zu vereinbaren sind und viele Frauen sich für die Familie entscheiden. Langfristig ist deshalb eine andere Lösung als die Einführung einer Quote nötig. Ich bin der Meinung, dass es mehr Eltern – Frauen wie Männer – in den Chefetagen geben sollte.
Zusammenfassend lässt sich also sagen, dass die Unternehmen familienfreundlicher werden sollten: Es muss ermöglicht werden, gleichzeitig ein Unternehmen zu führen und Kinder erziehen.

4 Standorte – Standpunkte

1 1. Man erhält einen Überblick über das gesamte Angebot einer Branche. – 2. Man bekommt neue Trends und Entwicklungen in einer Branche mit. – 3. Man erhält Anregungen und neue Ideen – Messen inspirieren. – 4. Man knüpft neue Kontakte und pflegt schon bestehende.
Auch möglich: Viele Aussteller präsentieren ihre Produkte an einem Ort; das direkte Vergleichen zahlreicher Produkte; private und berufliche Weiterbildung.

2 1. Die Leipziger Messe und das Lesefest „Leipzig liest" (Europas größtes Lesefest) – 2. Leipzig, 15.3. bis 18.3.2012 – 3. Leser, Verlage, Buchautoren aus aller Welt – 4. Bücher

3 1. wovon/von wem – 2. darüber – 3. darauf – 4. an wen – 5. darum

4 1. was – 2. die – 3. was – 4. womit – 5. an die

5 1. daher – 2. dazu – 3. damit – 4. dennoch – 5. folglich

6 1. es dir – 2. es ihr – 3. sie euch

5 Zeit spenden

1 *richtig*: 2 und 5

2 1. dafür – 2. damit – 3. darum – 4. darauf – 5. davon

3 1. Mein Kind hat noch die Hausaufgaben zu machen. – 2. Ich brauche heute nicht mit dem Hund spazieren zu gehen. – 3. Mein Sohn hat mir dabei zu helfen. – 4. Unsere Enkelkinder haben früh ins Bett zu gehen. – 5. Heute braucht man die Bewerbung nicht mehr immer per Post zu schicken. – 6. Du hast endlich dein Zimmer aufzuräumen.

4 1. wäre – 2. aufgestanden – 3. hätte – 4. verpasst – 5. wäre – 6. hätte – 7. verpasst – 8. hätte – 9. hätte – 10. verloren

5 *Vorschlag*: Liebe(r) …,
heute habe ich in der Zeitung eine interessante Anzeige entdeckt, in der verschiedene Projekte der Diakonie präsentiert werden. Im Rahmen dieser Projekte kann man sich ehrenamtlich engagieren, sich eben für eine gute Sache einsetzen. Ich weiß, dass du viel arbeitest und kaum Zeit für so etwas hast, aber stell dir vor, wie viele interessante Persönlichkeiten man dort kennenlernen kann! Du könntest zum Beispiel in einer Kirche tätig sein. Da suchen sie jemanden für die musikalische Begleitung im Kindergottesdienst. Du spielst doch Klavier! Oder könntest du dir vorstellen, dich in einer Fahrradwerkstatt zu engagieren? Ich bin mir sicher, dass es dir guttun würde, wenn du außerhalb deiner Arbeit sozial aktiv wärest. Ich helfe zum Beispiel in einem Verein Migrantinnen und Migranten bei Behördenbesuchen. Diese Arbeit hilft nicht nur den Bedürftigen, sondern auch mir. Ich lerne viele neue Kulturen kennen, trainiere meine Organisations- und Überzeugungsfähigkeit und fördere meine interkulturelle Kompetenz. Das bringt mich auch in meinem Job weiter. Könntest du dir vorstellen, bei einem der Projekte mitzumachen? Denk einfach mal darüber nach. Ich hoffe, dass ich dich überzeugen konnte!
Viele Grüße

Lösungen zu den Tests

6 Architektur

1 *Vorschlag*:
1. Wolf Kerner ist der Auffassung, dass Bauen auf dem Wasser Zukunft hat.
2. Wolf Kerner möchte zum Ausdruck bringen, dass wegen der klimatischen Veränderungen Leute anders wohnen wollen.
3. Kerner vertritt den Standpunkt, dass die Kosten für die Häuser auf dem Wasser nicht zu hoch sind.
4. Seiner Meinung nach ist den Konstrukteuren solcher Häuser die Energieeffizienz wichtig.

2 1. d.h. – 2. z.B. – 3 etc. – 4. u. – 5. Jhs.

3 *Vorschlag*: Unter dem Begriff „Dekonstruktivismus" ist im Allgemeinen eine Stilrichtung in der Architektur zu verstehen. Dekonstruktivismus bedeutet so viel wie Demontage und eine erneute Konstruktion von Strukturen und Formen.

4 1. dürfte – 2. müsste –3. muss – 4. kann – 5. muss

5 1. soll – 2. sollen/wollen – 3. will – 4. soll – 5. soll – 6. will

6 doch – schon – ja – eigentlich – halt – doch – eh – ruhig – doch – einfach – mal – eben

7 Wie ticken die Deutschen?

1 1. ihr – 2. sie – 3. er – 4. sie – 5. ihm

2 1. seien – 2. hätten – 3. sei – 4 seien – 5. habe – 6. werde – 7. sei

3 1. Vergangenheit – 2. Gegenwart – 3. Vergangenheit – 4. Zukunft – 5. Gegenwart

4 *Vorschlag*: Die Grafik liefert Informationen über die Lieblingsgetränke der Deutschen. Die Daten stammen vom Deutschen Kaffeeverband, dem Verband Deutscher Mineralbrunnen und dem Deutschen Brauer-Bund. Aus der Grafik geht hervor, dass Kaffee das Lieblingsgetränk der Deutschen ist. Im Jahr 2011 trank jede/r Deutsche/r durchschnittlich 149 Liter Kaffee. Mineral- und Heilwasser folgen mit 135 Litern pro Person auf Platz 2, während Bier der Statistik nach den dritten Platz einnimmt: Der Pro-Kopf-Verbrauch lag hier bei 107 Litern. Mich überrascht, dass nicht Bier, sondern Kaffee das Lieblingsgetränk der Deutschen ist. Das hätte ich nicht gedacht.

5 *freies Thema*

8 Straßen und Geschichte(n)

1 1. Es ist schwer, <u>sich</u> an … – 2. Ich wasche <u>mir</u> die Haare … – 3. …, dass <u>sich</u> so viele Menschen … (auch: dass so viele Menschen <u>sich</u> …) – 4. …befinden <u>sich</u> Straßen … – 5. … schwer, <u>sich</u> bei ihren …

2 1. innerhalb von – 2. außerhalb – 3. während – 4. entlang – 5. innerhalb

3 1. <u>Dadurch, dass</u> wir zehn Minuten zu spät am Check-in-Schalter angekommen sind, konnten wir unsere Koffer nicht mehr aufgeben.
2. <u>Falls/sofern</u> du uns nicht in der Menschenmenge siehst, ruf uns einfach an.
3. Dieses Problem kann man lösen, <u>indem</u> man ein neues Programm kauft.
4. <u>Sofern/falls</u> ihr den Zug verpasst, könnt ihr den nächsten nehmen.

4 1. deren – 2. deren – 3. dessen – 4. dessen – 5. deren

5 *freies Thema*

Antizipieren	Fähigkeit, Erwartungen an das im (Hör-/Lese-)Text Folgende aufgrund der vorhergehenden Informationen und aufgrund von bereits vorhandenem Wissen zu entwickeln.
Assoziogramm	Visualisierte Sammlung von Wörtern zu einem zentralen Begriff. Die Arbeitstechnik dient im Unterricht u. a. als Einstieg in ein Thema, erleichtert die Organisation von Ideen und aktiviert (Vor-)Wissen. Es gibt verschiedene Formen, z. B. den *Wortigel* und die *Mindmap*: Beim *Wortigel* gehen vom Oberbegriff, der in der Mitte steht, wie Stacheln eines Igels Striche mit Wörtern zu dem zentralen Begriff aus. Die *Mindmap* ordnet und strukturiert, indem von einem Bild, Thema oder zentralen Begriff Äste mit Wörtern abzweigen. Von den Hauptästen können auf der nächsten Ebene weitere Äste mit inhaltlich zusammengehörenden Ideen bzw. Begriffen abgehen, usw.
Automatisierung	Automatisierung als ein Teilprozess des Lernens ist vor allem durch einen hohen Grad an Sicherheit, ein hohes Maß an Verfügbarkeit und einen relativ niedrigen Grad an Veränderlichkeit geprägt. Automatisierte Tätigkeiten werden nicht bewusst gesteuert. Da sie nicht mit anderen Tätigkeiten interferieren, können kognitive Ressourcen für weitere Aktivitäten freigesetzt werden. Automatisierung im Lernprozess muss aber durch umfängliche Aufgaben- und Übungsformate entwickelt werden. Automatisierte Tätigkeiten sind mühelos und effizient durchführbar.
awareness/noticing	Nach der von R. Schmidt (1990) aufgestellten *noticing*-Hypothese kann nur erworben (zu *intake*) werden, was im Vorfeld bewusst wahrgenommen wurde, d. h. der Aufmerksamkeit zugänglich ist. Somit stellt Aufmerksamkeit eine grundlegende Voraussetzung für das Sprachlernen dar.
Fokus auf Formen	Übungen und Aufgaben zur fremdsprachlichen Flüssigkeit sind eine Voraussetzung für den Erwerb grammatischer Strukturen. Der Fokus auf die Formen und ihr Verstehen sichert noch nicht den flüssigen Gebrauch in der gesprochenen Sprache. Siehe auch *Automatisierung.*
Galerie	Verfahren zur Auswertung von Lernertexten und Projektarbeiten. Die Arbeitsergebnisse werden im Klassenzimmer aufgehängt, wenn möglich auch außerhalb des Raumes in Fluren oder anderen passenden Örtlichkeiten. Die KT bekommen hinreichend Zeit, um – wie in einer Galerie – zu schlendern und nach eigenem Ermessen und Interesse die Arbeitsergebnisse zu rezipieren.
Hörstile/Hörverstehen	s. *Lesestile/Leseverstehen*
Ich-Texte/Und Sie?-Texte *Ich-Anbindung/Ich-Bezug*	Lernertexte, bei denen die KT, z. T. über Vorgaben und Sprachbausteine, einen Text über sich, ihre Erfahrungswelt und Eindrücke und Beobachtungen verfassen. Ich-Texte sind nach Vorgabe des GER Teil der Portfolioarbeit.
Inferieren	Fähigkeit der Hörerin/des Hörers, Fehlendes unter Nutzung der vorhandenen Informationen und ihres/seines Wissens zu erschließen.
intelligentes Raten	Die KT raten auf Grundlage kontextueller Hinweise und/oder ihres Vorwissens, müssen jedoch eine plausible Begründung für ihren Ansatz vorbringen können. Damit grenzt sich das intelligente Raten von anderen Formen des Ratens ab.

inzidentelles Lernen
Beiläufiges, nicht intentionales Lernen, das ohne direkte Absicht erfolgt. Diese Form der Informationsaufnahme und -verarbeitung kann einen Lernprozess auslösen.

Korrekturverfahren
Die Korrektur von Lernern ist oftmals ein sensibles Thema, was sich die Lehrkraft immer wieder bewusst machen muss. Was, wann, wie und warum korrigiert werden sollte, ist von vielen Faktoren abhängig und daher immer fallbezogen zu entscheiden. Es gibt zwei grundlegende Möglichkeiten der Korrektur:
1. Selbstkorrektur durch die Lernerin/den Lerner,
2. Fremdkorrektur durch die Lehrkraft.
Diese beiden Formen können fremd- als auch selbst initiiert werden.
Die Struktur des Korrekturvorganges verläuft häufig in den folgenden Phasen: (1) Erkennen, (2) Benennen, (3) Korrigieren, (4) Bewerten und (5) Erklären des Fehlers. In *sprachbezogenen* Arbeitsphasen ist die Korrektur erwünscht und nötig, in *mitteilungsbezogenen* Phasen tendenziell jedoch eine stärkere Zurückhaltung und Fehlertoleranz seitens der Lehrkraft geboten. Generell lässt sich festhalten:
– gesamtes Wissen aus der Mutter- und Fremdsprache einsetzen,
– Nachschlagewerke zur Selbstkorrektur nutzen,
– (positive) (non-)verbale Signale geben, um die Lernerin/den Lerner auf Fehler hinzuweisen und/oder eine Selbstkorrektur zu initiieren,
– eine affektiv-emotional positive Haltung zu Fehlern demonstrieren.

Lesestile/Leseverstehen
Es werden in der Literatur häufig die folgenden Arten des Lesens unterschieden:
1. Globales/kursorisches/orientierendes Lesen: Der Text wird überflogen. Ziel ist das Verstehen eines Textes als Ganzes.
2. Selektives Lesen (Scanning): Relevante Einzelinformationen werden aus dem Text gesucht. Ziel: selektives Verstehen.
3. Detailliertes/totales Lesen: Der Text ist Wort für Wort zu lesen. Ziel: vollständiges Verstehen bis ins Detail.
Zweckmäßig ist es, den Lesestil dem jeweiligen Informationsbedürfnis anzupassen. Das Schema lässt sich ebenso auf den Hörstil übertragen.

Mindmap
s. *Assoziogramm*

Sammeln-Ordnen-Systematisieren (SOS-Prinzip)
Das Prinzip der induktiven Regelfindung in drei Arbeitsschritten: 1. Die Lerner sammeln grammatische Strukturen im behandelten Text. 2. Die Lerner vergleichen Textbeispiele und ordnen sie nach strukturellen Gemeinsamkeiten. 3. Die Lerner formulieren selbstständig die Regel. Die *SOS-Methode* versetzt die/den KL in die Rolle des Beobachters, fördert Lernerautonomie und trägt zum besseren Behalten der Regel bei.

Wortigel
s. *Assoziogramm*

Bildquellenverzeichnis

Einheit 1, Kopiervorlage 1: Wikimedia Commons, gemeinfrei; *Einheit 2, Kopiervorlage 1:* © Fotolia, Fatman73; *Einheit 2, Kopiervorlage 2:* © iStockphoto, Ryan Lane (2a); © Shutterstock, Andrey Yurlov (2b); © Fotolia, ehrenberg-bilder (2c); © Fotolia, photo 5000 (2d); © Fotolia, creAtive (2e); *Einheit 4, Kopiervorlage 2:* iStockphoto, © Dominik Pabis; *Einheit 8, Kopiervorlage 1:* © Fotolia, Sophia Winters (1a); © Fotolia, CandyBox Images (1b); © Fotolia, indykb (1c); © Fotolia, Lvnel (1d); © Fotolia, Tom Prokop (1e); *Einheit 8, Kopiervorlage 2:* © Nationalpark-Zentrum KÖNIGSSTUHL Sassnitz gGmbH; *Station 1, Kopiervorlage 1:* © Fotolia, Gentoo Multimedia;
Einheit 1, Test: © shutterstock, Jessmine; *Einheit 2, Test:* © shutterstock, visdia; *Einheit 3, Test: von links nach rechts*: © Fotolia, Nikita Buida; © iStockphoto, Jaroslaw Wojcik; © Fotolia; © Adpic; *Einheit 4, Test: links:* © Leipziger Messe GmbH; *rechts*: © Fotolia, muratcan karagöz; *Einheit 5, Test:* © Diakonisches Werk der EKD e. V.; *Einheit 7, Test:* © shutterstock, Maks Narodenko (*Kaffee*); © iStockphoto, Stian Magnus Hatling (*Wasser*); © Fotolia, Günter Menzl (*Bier*).

Textquellenverzeichnis

Einheit 1, Kopiervorlage 1/2 © Günther Wessel: Der bedeutendste Geograf und Kartograf seiner Zeit. Aus: Sendung „Kalenderblatt", Deutschlandfunk, 5. 3. 2012.
Einheit 4, Kopiervorlage 1: 2012 – Veranstaltungen in Frankfurt am Main. Mit freundlicher Genehmigung © Messe Frankfurt GmbH.
Einheit 4, Test: links: Leipziger Buchmesse – Großer Wirtschaftsfaktor für Stadt, Region und Buchmarkt, 8. 3. 2012. © Leipziger Messe GmbH.
Einheit 4, Test: rechts: Text nach: Tobias Winkler: Test Logitech Wireless Presenter R400, Notebookcheck Publishing GmbH, 28. 2. 2011. © Tobias Winkler.